Los Etruscos

Una guía fascinante de la civilización etrusca de la antigua Italia que precedió a la República romana

© Copyright 2021

Todos los derechos reservados. Ninguna parte de este libro puede ser reproducida de ninguna forma sin el permiso escrito del autor. Los revisores pueden citar breves pasajes en las reseñas.

Descargo de responsabilidad: Ninguna parte de esta publicación puede ser reproducida o transmitida de ninguna forma o por ningún medio, mecánico o electrónico, incluyendo fotocopias o grabaciones, o por ningún sistema de almacenamiento y recuperación de información, o transmitida por correo electrónico sin permiso escrito del editor.

Si bien se ha hecho todo lo posible por verificar la información proporcionada en esta publicación, ni el autor ni el editor asumen responsabilidad alguna por los errores, omisiones o interpretaciones contrarias al tema aquí tratado.

Este libro es solo para fines de entretenimiento. Las opiniones expresadas son únicamente las del autor y no deben tomarse como instrucciones u órdenes de expertos. El lector es responsable de sus propias acciones.

La adhesión a todas las leyes y regulaciones aplicables, incluyendo las leyes internacionales, federales, estatales y locales que rigen la concesión de licencias profesionales, las prácticas comerciales, la publicidad y todos los demás aspectos de la realización de negocios en los EE. UU., Canadá, Reino Unido o cualquier otra jurisdicción es responsabilidad exclusiva del comprador o del lector.

Ni el autor ni el editor asumen responsabilidad alguna en nombre del comprador o lector de estos materiales. Cualquier desaire percibido de cualquier individuo u organización es puramente involuntario.

Tabla de contenido

INTRODUCCIÓN - ¿QUIÉNES ERAN LOS ETRUSCOS? 1
CAPÍTULO 1 - POLÍTICA, GOBIERNO Y ESTRUCTURA SOCIAL...............5
CAPÍTULO 2 - CÓMO VIVIÓ UN INDIVIDUO...15
CAPÍTULO 3 - EL ORIGEN DE LOS ETRUSCOS 26
CAPÍTULO 4 - LA ORIENTACIÓN ETRUSCA, ENTRE EL 600 Y EL 400 A. C. 33
CAPÍTULO 5 - LA CONQUISTA ROMANA, ENTRE EL 400 Y EL 20 A. C. 45
CAPÍTULO 6 - MITOLOGÍA Y RELIGIÓN 56
CAPÍTULO 7 - ARTE Y MÚSICA 70
CAPÍTULO 8 - EL LENGUAJE Y LA ESCRITURA ETRUSCA 85
CAPÍTULO 9 - ARQUITECTURA 91
CAPÍTULO 10 - LOS TEXTOS Y LA LITERATURA QUE SOBREVIVIERON 100
CONCLUSIÓN - LA ABSORCIÓN DE ETRURIA 107
VEA MÁS LIBROS ESCRITOS POR CAPTIVATING HISTORY 109
BIBLIOGRAFÍA 110

Introducción - ¿Quiénes eran los etruscos?

Casi todo el mundo ha oído hablar de los romanos, pero muy pocos conocen a los etruscos. Los etruscos fueron una de las civilizaciones más poderosas de la antigua Italia antes del surgimiento de los romanos. Prosperaron desde el 900 a. C. hasta su eventual absorción en Roma alrededor del 100 a. C. y disfrutaron de un extenso tramo de territorio llamado Etruria. Se podría decir que sus tierras incluían la Toscana, el oeste de Umbría, el norte y el centro del Lacio, junto con algunos asentamientos en la cercana Campania, Lombardía, Romaña, Véneto y el valle del Po. Estos etruscos desarrollaron su propio idioma, cultura y religión, pero también demostraron el multiculturalismo y la asimilación cultural comunes entre las civilizaciones alrededor del mar Mediterráneo. Solo se desmoronaron cuando se involucraron en las guerras romano-etruscas y no lograron derrotar a la enorme república que se estaba formando a sus puertas.

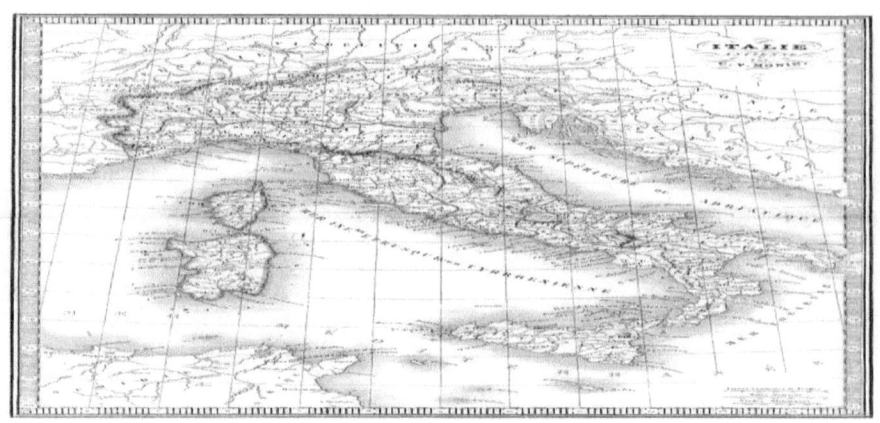

La península itálica

Los predecesores de los etruscos fueron los villanovianos, de los cuales los etruscos tomaron algunos elementos de la cultura y el lenguaje. Debido a su posición en Italia y a su origen étnico, los etruscos se consideraban parte de los itálicos, un grupo etnolingüístico indoeuropeo originario del noreste de África. Los arqueólogos y antropólogos pueden rastrear la migración de los itálicos a Italia hasta el segundo milenio a. C. Mientras que los itálicos se establecieron en Roma, otros viajeros indoeuropeos viajaron a nuevos lugares y se convirtieron en españoles, rumanos, franceses y portugueses, entre otros. Cuando se habla de los etruscos, la gente necesita usar años seguidos por la abreviatura a. C., que significa Antes de Cristo. Esto se refiere al punto anterior al año 1 en el calendario gregoriano moderno. Así que, cuando este volumen se refiere a la civilización etrusca como comenzando alrededor del 900 a. C., significa que los etruscos comenzaron 900 años antes del año 1, o 2.919 años antes del año 2019.

Los etruscos fueron una civilización antigua durante la Edad de Hierro, la última etapa del sistema de tres etapas desarrollado por los arqueólogos para describir el progreso de las civilizaciones basándose en sus tecnologías disponibles. Como miembros de la Edad de Hierro, los etruscos poseían el conocimiento de la metalurgia ferrosa o la elaboración del hierro. Podían desarrollar acero al carbono para fabricar armas más fuertes, armaduras e implementos como herramientas agrícolas que les dieran una ventaja en asuntos militares y en el cultivo de cosechas. La Edad del Hierro sucede a la Edad del Bronce, que fue cuando las civilizaciones aprendieron a crear herramientas de bronce y desarrollaron un sistema de escritura prototipo. Los etruscos ya tenían su propia forma de escritura en el momento de su desarrollo.

La mayoría de la información moderna sobre los etruscos no proviene de sus escritos, sino de la interpretación arqueológica de los artefactos. Para los estudiosos de los etruscos, estos artefactos pueden ser bienes funerarios y de entierro, tumbas, restos de edificios, joyas, pinturas, frescos, inscripciones, armas, herramientas y otros artículos que aún permanecen después de dos milenios de peligros ambientales, saqueos y robos de tumbas. Existen algunas fuentes escritas, pero son raras. También se puede recopilar información de los escritos de civilizaciones y culturas cercanas como la romana, que escribió extensamente sobre los etruscos. Sin embargo, estas fuentes deben ser tomadas con un grano de sal, ya que los antiguos historiadores y filósofos eran propensos a la exageración y a los sesgos en sus interpretaciones.

Sin embargo, la importancia de los etruscos se remonta a Roma. La República romana, y más tarde el Imperio romano, fue un conquistador inusual porque absorbería y asimilaría elementos de las culturas que dominaba. Una práctica habitual era permitir que los derrotados siguieran practicando su cultura y religión siempre que pagaran sus impuestos a tiempo. Tal procedimiento era parte de la razón por la que el cristianismo se filtraría en el Imperio romano alrededor del siglo I d. C., por ejemplo. Para los etruscos, esto significó que influenciaron aspectos de la civilización romana, una de las culturas más poderosas en la historia del mundo occidental.

La palabra "Roma" es de origen etrusco, al igual que los nombres de sus fundadores mitológicos "Remo" y "Rómulo". Varios de los mitos de la creación romana se centraron en ramas de los etruscos que se separaron para fundar Roma, y la propia Roma solía ser parte de la civilización etrusca antes de que se separara y empezara a desarrollar su propia sociedad. Cuando los etruscos fueron absorbidos, elementos de su cultura, idioma y religión se filtraron en la práctica romana. Antes de su asimilación, los etruscos regalaron a Roma gran parte de su ciencia política y su tecnología. A través de los etruscos, los romanos desarrollaron la monarquía, las murallas, los sistemas de drenaje y el poderoso foro.

Los etruscos no solo deben ser estudiados como el influyente de Roma, sino que es la conexión a través de la cual la mayoría de los individuos han oído hablar de su ilustre civilización. Otros desarrollos interesantes de los etruscos fueron su moda extravagante, su compleja estructura política, su planificación urbana y su religión fatalista. Como lector de este volumen, compruebe y vea dónde los etruscos suenan similares a los romanos, pero también interprete lo que hizo a los etruscos únicos, cuáles fueron los rasgos similares a los de otras culturas como la griega, y determine si fue posible para los etruscos evitar su destino contra los romanos durante el siglo I a. C.

Capítulo 1 - Política, gobierno y estructura social

Para entender la historia y la cultura etrusca, primero hay que entender la estructura social básica de su civilización. La organización del estado afectaba al poder de las ciudades-estado, a cómo vivía el individuo medio y a la respuesta etrusca a los vecinos en guerra, a las influencias extranjeras y al comercio. El primer lugar para mirar es la estructura política y el gobierno porque el estado a menudo ejercía el control sobre la vida de los individuos de una forma u otra. Durante los primeros siglos, el gobierno de las ciudades-estado poseía poco poder más allá de la recaudación de impuestos y de ofrecer un mínimo de protección. Sin embargo, no pasó mucho tiempo para que el gobierno creciera y diera paso a poderosas ligas y aristócratas.

Estructura política y gobierno

Al igual que muchas otras civilizaciones antiguas, los etruscos se alejaron del cacicazgo y de las formas tribales de gobierno que poseían sus antepasados y desarrollaron un estado centralizado. Este estado consistía principalmente en nobles varones que habrían sido los jefes o líderes tribales en tiempos anteriores. Aunque este estado central existió, las ciudades-estado etruscas permanecieron divididas y, por lo tanto, no todas las regiones participaron activamente en esta nueva forma de gobierno multiestatal. El uso etrusco del estado centralizado los separó de las cercanas itálicas, que se convertirían en los romanos en una fecha posterior. Durante el período de vida de los etruscos, estos itálicos siguieron organizándose en una serie de cacicazgos que hicieron que el poder estuviera menos organizado y concentrado. El estado etrusco, por otra parte, comenzó como una monarquía, pero rápidamente pasó a una democracia oligárquica en la que las familias de élite poseían el poder y votaban entre ellas para decidir el futuro del estado etrusco y su pueblo. Este cambio ocurrió en algún momento del siglo VI a. C.

Los historiadores describen la estructura política etrusca como una teocracia, o un gobierno basado en una religión del estado central. El gobierno del estado poseía la máxima autoridad sobre las organizaciones tribales y de clanes individuales, y estaba formado por élites de cada uno de ellos, al tiempo que garantizaba que los adherentes al poder del estado compartieran una religión común y obedecieran la ley religiosa. Se puede encontrar una Gorgona en las decoraciones etruscas, y los arqueólogos creen que el símbolo representaba el poder del gobierno y su capacidad para controlar la vida y la muerte de sus habitantes.[1] Debajo del propio estado había unidades más pequeñas políticamente unidas llamadas ciudades-estado, también llamadas el *methlum* o distritos. La población general se llamaba *mech*, mientras que existían numerosos cargos magistrales para recaudar impuestos y preservar el orden interno, junto con una variedad de otras funciones aún desconocidas para los estudiosos. Algunos de sus títulos eran el *parnich*, el *purth*, el *camthi* y el *macstrey*, pero se desconocen las traducciones exactas de estos títulos. El gobernante de un *methlum* se llamaba el *zilach*, mientras que los

---

[1] Las Gorgonas eran tres mujeres en la mitología griega que fueron maldecidas para que su pelo se convirtiera en serpientes venenosas vivas y retorcidas. La más famosa es Medusa, pero también tenía dos hermanas que eran inmortales: Stheno y Euryale. Mientras que los estudiosos contemporáneos a menudo ven a la Gorgona como un monstruo, era un símbolo poderoso en el Mediterráneo que representaba la tenacidad, la durabilidad y el poder.

textos etruscos más antiguos también llaman a la posición el *lucumo*, o monarca sagrado.

Las ciudades-estado, o *methlum*, se reunían en tres confederaciones o ligas que debían estar formadas por doce *methlum* cada una. Los nombres de las ligas son desconocidos debido a lo poco que se ha traducido la lengua etrusca. Los eruditos creen que el requisito de tener exactamente doce *methlum* estaba relacionado con una asociación religiosa con el número. Una liga se llamaba *mech rasnal*, y cada año, los miembros de la *mech rasnal* se reunían en un lugar sagrado llamado *fanu* y discutían sus asuntos actuales y planes para el año siguiente. La reunión también incluía la elección del *zilath mechl rasnal*, el individuo que encabezaría la liga para el año siguiente. Las mujeres parecen haber sido excluidas de estas reuniones y de ocupar cargos políticos o militares.

Los etruscos continuarían usando esta estructura política centralizada hasta que estallara la guerra con Roma alrededor del siglo IV a. C. Según fuentes históricas, Roma era potencialmente un miembro de una de las *mech rasnal*, probablemente de la liga Latina o Campania. Cuando Roma atacó a los etruscos, estos perturbaron la estructura de poder original y causaron disensiones internas que debilitaron los estados políticos en su conjunto.

Con el tiempo, la hegemonía política de Roma dominaría a los restantes puestos de avanzada etruscos, y la cultura etrusca se transformaría en la civilización romana.

La ley y el orden

Había múltiples clases sociales y económicas en la civilización etrusca. En la cima de la sociedad estaban las élites ricas que ocupaban la mayoría de los puestos de gobierno, casi toda la riqueza, y controlaban muchas de las rutas comerciales y los asuntos de la ciudad. También eran más propensos que otros a ser comandantes militares. Aunque las élites siempre estaban por encima de los demás miembros de la sociedad etrusca, su posición se hizo más clara y pronunciada a lo largo de los siglos hasta que la monarquía pudo describirse como una oligarquía dirigida por unos pocos ricos. Estas familias eran aristócratas y tendían a tener derechos y normas legales diferentes a las de las otras clases sociales. La mayoría podía tener propiedades, pagar multas en lugar de enfrentar la prisión u otras formas de castigo, y tenía voz en el gobierno.

Debajo de las familias aristocráticas había una gran población de hombres y mujeres libres. En los años de formación de los etruscos, algunos podían ser comerciantes, mercaderes y artesanos de gran habilidad. Con el tiempo, el enfoque cambió, y la mayoría de esos ilustres cargos pertenecían a un grupo muy pequeño de familias que podrían describirse como la clase media. La clase media no tenía derechos adicionales como la aristocracia, pero tenía el dinero necesario para tener mejores condiciones de vida que la mayoría pobre. El resto de la población eran trabajadores pobres, granjeros, trabajadores de la construcción y trabajadores de subsistencia en general que necesitaban mantenerse ocupados para sobrevivir. Los hombres de esta clase tenían algunos derechos legales, mucho más que las mujeres, y podían poseer y heredar propiedades con pocas restricciones más allá del orden de nacimiento y la edad. También eran libres de ir y venir a su antojo y eran los cabezas de familia, con el poder de la vida y la muerte sobre sus esposas e hijos. Esta situación también existía entre las familias aristocráticas.

Aunque a las mujeres se les prohibía ocupar cargos públicos, poseían más derechos en la sociedad etrusca que bajo el dominio romano. Las inscripciones encontradas en los frescos y la cerámica revelan que las mujeres casadas respetables poseían el derecho a realizar actividades de ocio y a asistir a fiestas con sus maridos. Podían beber vino en público y parecían ser capaces de poseer propiedades. Una mujer podía incluso heredar la propiedad si no había un heredero varón superviviente en la línea familiar. Si un hombre vivía, entonces la propiedad le sería otorgada automáticamente. De lo contrario, las mujeres tenían una posición social y legal por debajo de los hombres, que eran considerados sus superiores. Esta situación solo se exageró con el tiempo a medida que los etruscos se volvieron menos igualitarios y se asemejaron más al estilo de vida de la República romana.

En el último peldaño de la escala social estaba la clase esclava. Como la mayoría de las culturas antiguas, los etruscos utilizaban una importante clase de esclavos para reforzar los proyectos públicos y servir a las familias ricas que podían permitírselos. La mayoría de los esclavos estaban en manos de nobles influyentes que podían alimentar y albergar a poblaciones masivas de esclavos para trabajar como agricultores, canteros, mineros, alfareros, soldados, metalúrgicos, artistas, sirvientes domésticos, vinicultores, tutores y otras profesiones responsables del mantenimiento diario de la civilización. La mayoría de los esclavos no pertenecían a una raza o cultura en particular, ya que la mayoría eran prisioneros de guerra que habían sido capturados en otras ciudades etruscas o en lugares fuera de Etruria. Otros fueron comprados a socios comerciales de África y Oriente Medio que también se dedicaban al comercio de esclavos en el Mediterráneo. Los eruditos saben poco sobre los sirvientes individuales, aunque sus nombres a veces aparecen en frescos y pinturas de tumbas que incluyen los nombres de todos los que aparecen.

Los etruscos estaban acostumbrados a las revueltas de esclavos que frecuentemente resultaban en levantamientos armados. Las revueltas se hicieron más comunes a partir del siglo IV a. C. Los arqueólogos y eruditos piensan que los ciudadanos etruscos regulares, como los trabajadores, a menudo también se involucraban en los levantamientos debido a las malas condiciones de trabajo y a la gran disparidad de riqueza entre la mayoría de los pobres y la minoría de los ricos. La falta de dinero significaba que los individuos no podían obtener oportunidades para mejorar su posición social, por lo que la mayoría de la gente estaba atrapada como trabajadores empobrecidos.

La importancia de la familia en la sociedad

Los primeros indicios de la importancia de la familia en Etruria provienen de las tumbas sobrevivientes en las necrópolis etruscas. La mayoría de las tumbas sobrevivientes pertenecen a aristócratas ricos que enterraron a sus parientes en la cripta familiar durante siglos. Los arqueólogos e historiadores asocian esta práctica con el surgimiento de la familia aristocrática como una institución fija de la sociedad etrusca. Se establecen paralelos entre esta institución etrusca y los romanos, que tenían un grupo llamado la *gens*, y algunos creen que los etruscos fueron el modelo inicial para los romanos. Después de todo, la gens romana era esencialmente una institución familiar fija que se asemejaba mucho a la de los etruscos. Esta nueva institución aristocrática creció a medida que los etruscos prosperaron a través de las rutas comerciales alrededor del mar Mediterráneo y adquirieron riqueza, poder y fama. Casi todas las ciudades ricas y los diversos aristócratas estaban situadas en la costa, ya que los puertos recibían la mayoría de los recursos adquiridos a través del comercio.

Los etruscos llamaban a la familia *lautn*. En el centro del *lautn* había una pareja casada central llamada el *tusurthir*, lo que enfatiza la importancia de la monogamia en su cultura. El emparejamiento entre un hombre y una mujer era visto como la relación más significativa en la unidad familiar. Las imágenes talladas en las tapas de los sarcófagos solían ser de parejas casadas en su juventud, sonriendo, disfrutando de la compañía del otro y recostados uno al lado del otro. El mejor ejemplo es el Sarcófago de los Cónyuges, que se muestra a continuación. A veces la pareja era enterrada en el mismo sarcófago para poder estar juntos en la otra vida. Mientras que la mayoría de los matrimonios eran arreglados por el padre de la mujer y el futuro marido, el amor romántico parecía ser importante.

El Sarcófago de los Cónyuges, 519 a. C.

Aunque los griegos y los romanos creían que los etruscos eran una sociedad sexualmente relajada, los historiadores creen que tales interpretaciones eran malentendidos sobre el papel de la familia y la relativa libertad de las mujeres en Etruria. Los escritores griegos y romanos escribieron con frecuencia sobre la disponibilidad sexual de las mujeres etruscas, dando a entender que no se valoraban la virginidad y la pureza sexual y que las mujeres eran libres de tener múltiples parejas. De hecho, este no era el caso. Las mujeres poseían más derechos en la sociedad etrusca que sus homólogas de Grecia y Roma y se les permitía socializar con los hombres y salir de casa para interactuar con otras partes de la sociedad. A pesar de esta libertad, las normas sociales etruscas aún requerían fidelidad romántica y sexual, ya que la pareja era el centro de la unidad familiar. La importancia de la pareja se puede ver en las inscripciones funerarias de las tumbas, ya que las inscripciones mencionan el nombre de la persona, así como los nombres de su padre y su madre. En muchas otras culturas antiguas, solo se daba el nombre del padre.

Continuando con la relevancia de la familia estaba la importancia de los nombres. Hubo algunas etapas diferentes de desarrollo en lo que se refiere a las convenciones de nombres, lo cual es comprensible considerando que los etruscos existieron por más de 900 años. Los historiadores no están seguros de sí la mayoría de la población participó en las convenciones de nombres etruscos o si estaban reservadas a los aristócratas. En cualquier caso, la familia y la pareja central siguieron siendo importantes para los etruscos libres. Lo más probable es que los esclavos no se incluyeran en esas unidades familiares debido a su baja posición.

La primera parte del nombre etrusco era el *praenomen*, que todos poseían. Incluso los esclavos tenían un *praenomen*. Este era el primer nombre y tenía marcadores de género como *arnth/arntia, aule/aulia, o larth/lartha*. Las mujeres no estaban obligadas a tomar nombres masculinos o un derivado del nombre de su padre o esposo. Esto era inusual, ya que otros pueblos itálicos como los romanos carecían de nombres femeninos específicos. De hecho, muchos nombres etruscos estaban reservados enteramente a las mujeres, demostrando una vez más los derechos y la libertad general de las mujeres etruscas en comparación con las damas de otras sociedades antiguas.

Los nombres de hombres y mujeres diferían en cuanto a patronímicos y gamonímicos. Los hombres recibían un patronímico, que típicamente asociaba al hijo con el padre o con un clan general. Así, por ejemplo, un hombre podría llamarse *larth arnthal*, que significaba "Larth, hijo de Arnuth". Las mujeres, por su parte, se identificaban con un gamonímico. Un gamonímico era el nombre del marido y a veces se veía como similar a la práctica occidental de que las mujeres casadas tomaran el apellido de su marido. Cuando este no era el caso, las mujeres etruscas a veces poseían un matrónimo que las identificaba como hijas de sus madres. En algunos casos, los arqueólogos descubrieron tumbas de hombres que tenían matrónimos y mujeres con patronímicos, lo que indica un posible cambio a lo largo del tiempo. Es posible que los niños tomaran el nombre de cualquier padre que tuviera una mejor posición social. Sin embargo, en general, la sociedad etrusca tendía a ser patrilineal y patriarcal, potencialmente como un remanente de los villanovianos.

Otra parte de las convenciones etruscas de nombramientos fue el nomen gentile. El nomen gentile era el nombre de la familia similar a un apellido. Estos parecían aparecer durante la orientación etrusca, también llamada el período de la orientación. Había formas masculinas y femeninas del nomen gentile, y tendía a aparecer inmediatamente después del praenomen, pero antes del patronímico o gamonímico. Los historiadores creen que los romanos copiaron las convenciones etruscas de nombramientos, ya que el mismo modelo puede verse en ambas civilizaciones. Otras clases pueden haber usado estas convenciones de nombres, pero definitivamente significó más para la clase aristocrática, ya que estas convenciones de nombres eran más significativas para ellos, ya que estas convenciones de nombres eran importantes para identificar el parentesco y las conexiones familiares.

Las conexiones familiares se solidificaron a través de las convenciones de parentesco. El parentesco se define como la forma en que las personas se describen a sí mismas en relación con los demás. Por ejemplo, alguien que dice "Soy la hija de Marcela" está identificando su parentesco con Marcela, así como su papel en la familia. Para apoyar la idea de una sociedad patrilineal, las mujeres podrían describirse a sí mismas como la hija de un padre o la esposa de un marido, mientras que los hombres dirían que son el hijo de un padre, pero nunca el marido de una esposa, incluso si ella viene de una posición más alta. Los etruscos rastrearon seis generaciones de parentesco vertical o linaje, por lo que la mayoría de los individuos, especialmente los aristócratas, conocían los nombres de su tátara-tátara-tatarabuelo. Todas las personas tenían un *mi* (I), y un *apa* y *ati* (padre y madre). Los individuos también reconocían a su *sec* o *clan* (hija o hijo) así como a los nietos (*nefts*) y bisnietos (*prumaths*). Las palabras para nietas y bisnietas son difíciles de determinar.

La familia y el parentesco era la forma en que los etruscos se describían y entendían a sí mismos, haciendo de ello un aspecto central de la sociedad. Una persona que carecía de esa información era muy probablemente un esclavo y también carecía de la posición social de otros miembros de la civilización. Una vez más, gran parte de la información que poseen los historiadores procede del estudio de las familias aristocráticas, que podría haber sido más clara y severa en la delimitación de sus familias debido a su riqueza, propiedades y posiciones de poder en la sociedad.

Capítulo 2 - Cómo vivió un individuo

Bajo el amplio sistema político de los etruscos se encontraban los miles de personas que mantenían el estado y la sociedad funcionando eficientemente. Incluso después de la división en clases sociales, la gente se dividió aún más por su género, profesión y lugar de residencia. Después de todo, la vida de una mujer alfarera en una ciudad costera sería muy diferente a la de un hombre agricultor en las regiones del interior.

En lo que respecta al género, los etruscos solo creían en dos: hombre y mujer. Los hombres eran considerados el género superior y tendían a poseer más derechos y oportunidades que las mujeres. La mayoría de los hombres libres podían heredar propiedades y poseían el derecho de vida y muerte sobre los miembros de la familia que estaban bajo su control. El varón de mayor edad tendía a ser el cabeza de familia y tenía poder sobre su esposa, sus hijos y su madre si esta vivía en el hogar. Los hombres ricos sabían leer y escribir, podían ocupar cargos políticos y militares y se les permitía asistir a eventos, fiestas y simposios sin acompañantes. También podían beber vino en público y poseían más libertad sexual que las mujeres, ya que no se esperaba que los hombres fueran vírgenes. Los hombres podían elegir a sus esposas y arreglaban el matrimonio con el padre de la mujer - ella raramente poseía algún aporte.

Para el hombre libre promedio, la alfabetización y el poder estaban fuera de su alcance. La mayoría trabajaba como obreros, granjeros y trabajadores de canteras. Trabajaban todo el día para ganar dinero para comprar comida y recursos, pero volvían a casa y estaban a cargo de la casa. No tenían casi ningún papel en el cuidado de los niños, pero tomaban las decisiones finales sobre cómo se gastaba el dinero y lo que se permitía hacer a la esposa y a los hijos.

Aunque las mujeres carecían de muchos de los derechos y oportunidades de sus homólogos masculinos, poseían más igualdad de género en la sociedad etrusca que otras mujeres en civilizaciones antiguas similares como la griega. Las mujeres acomodadas de familias de élite tendían a ser alfabetizadas y se les permitía asistir a eventos sociales y simposios cuando estaban acompañadas por sus maridos. Si no se encontraban herederos masculinos, la heredera más vieja era capaz de heredar propiedades y riquezas. Cuando se mencionan en los documentos o en las leyendas de las pinturas y obras de arte, las mujeres tienden a recibir varios nombres: su nombre de nacimiento y el apellido adoptado al casarse. Sus obras de arte también muestran a mujeres participando en actividades atléticas, fiestas y festivales.

A pesar de estas ventajas, la suerte de la mujer común era difícil. La mayoría nunca podría heredar propiedades, eran analfabetas, y se esperaba que se casaran jóvenes, manejaran el hogar y criaran a los niños. Mientras que podían salir en público, llevar joyas, y tendían a tener ropa que exponía más la piel, la vida de la mujer promedio era dura. Como los hombres, la mayoría de las mujeres trabajaban desde el amanecer hasta el anochecer. Muchas eran trabajadoras, mientras que la mayoría preparaba la comida de la familia, mantenía la casa, sacrificaba animales, recolectaba plantas, hacía tratamientos medicinales y tejía y confeccionaba ropa. A diferencia de los hombres, se esperaba que las mujeres permanecieran vírgenes hasta el matrimonio y no solían elegir su propia pareja.

Vivienda

Hay pruebas de que los etruscos se dedicaron a la planificación urbana temprana. Los primeros asentamientos se construyeron en mesetas y crestas que se defendían fácilmente de los enemigos. La mayoría de las ciudades también poseían zanjas y a veces muros de piedra para reducir la vulnerabilidad. Un asentamiento sobreviviente llamado Marzabotto data del siglo V a. C. y estaba orientado a lo largo de un eje norte-sur con un patrón de cuadrícula. Esto facilitaba a los individuos la navegación por las calles, pero también estaba relacionado con las creencias supersticiosas de los etruscos. Los etruscos se centraban en rituales y ritos que determinaban la disposición de los edificios, y algunos arreglos particulares se consideraban auspiciosos tanto para los habitantes como para la ciudad en general. Aunque los detalles completos de los ritos son vagos, los eruditos creen que implicaban el rezo de oraciones y la lectura de presagios en el ambiente.

Las casas etruscas se construían con materiales perecederos fáciles de recoger, como ladrillos de barro secados al sol, madera, y paja y barro para las paredes. Las cámaras de piedra y piedra cortada se reservaban para las tumbas y los ricos, e incluso entonces, las casas eran más propensas a ser grandes casas de ladrillo de barro. Durante los siglos VII y VI a. C., las cabañas circulares y ovaladas parecían ser el diseño más común. Las ruinas descubiertas en Acquarossa demuestran que las paredes tenían un revestimiento de yeso para mayor protección y posiblemente con fines estéticos. Se utilizaban postes de madera para sostener los tejados de paja, y las pruebas indican que algunas casas también tenían decoraciones de terracota como motivos de loto y palmetas, mientras que la piedra a veces se utilizaba para crear cimientos sólidos y pisos inferiores. Estos niveles reforzados evitarían que las secciones inferiores de la casa se derrumbaran bajo el peso de los otros materiales.

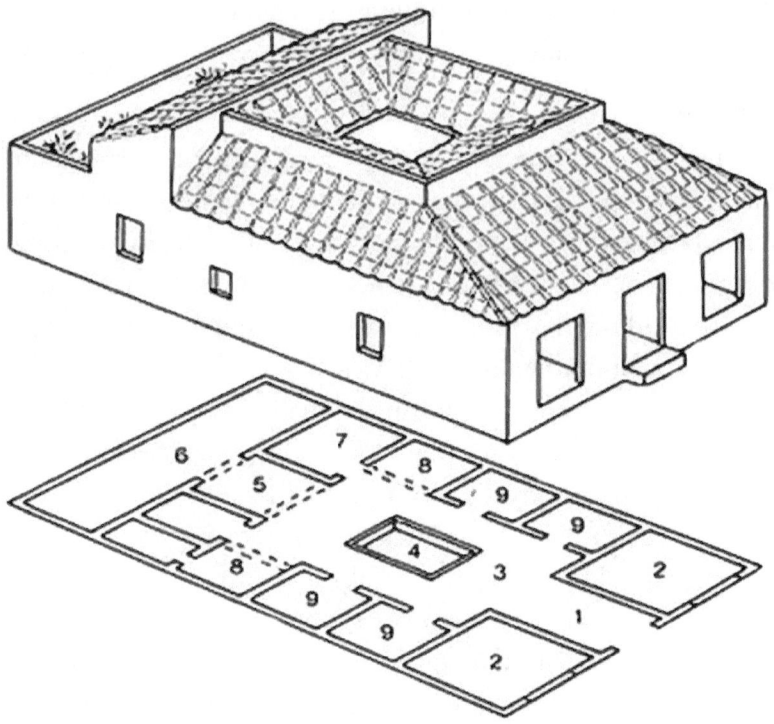

Key
1. *fauces* — entrance passage
2. *tabernae* — shops
3. *atrium* — hall
4. *impluvium* — rainwater basin
5. *tablinum* — passage room
6. *hortus* — garden
7. *triclinium* — dining room
8. *alae* — side-rooms
9. *cubiculum* — bedroom

La anatomía de una casa aristocrática etrusca

Algunas casas usaban tejas curvas alrededor del ápice o el centro del techo. La teja central tendría un agujero tallado en el centro a través del cual el humo podría escapar de los incendios y la luz podría entrar en la casa. Se guardaba un disco cerca del techo para cubrir el agujero cuando llovía. Alrededor de finales del siglo VI y principios del V a. C., estas tejas reemplazarían a la paja en la mayoría de las casas. Las vigas se protegerían clavando tejas de terracota o placas en los extremos para cubrir los bordes expuestos. A principios del siglo VI, las casas también evolucionaron para poseer una sola planta con múltiples habitaciones, un salón y, a veces, un patio privado donde las familias podían recibir a los invitados, plantar verduras y hierbas, y mantener animales como gallinas. En otros casos, las casas múltiples se agruparían alrededor de un patio central que tendría canales de drenaje cortados en la roca y unidos a las cisternas de la ciudad.

Los arqueólogos luchan por distinguir entre los estilos de casa de los aristócratas y los plebeyos porque las casas que quedan son los opulentos edificios de los nobles. En general, los estudiosos piensan que la gente más pobre probablemente vivía en viviendas más destartaladas que no habrían resistido el paso del tiempo. Lo más probable es que se construyeran con ladrillos de barro, madera y otros materiales más destructivos.

A partir de mediados del siglo VI a. C., comenzaron a construirse grandes edificios privados con techos a dos aguas y columnas. Los arqueólogos especializados en arquitectura creen que estos diseños vinieron de Fenicia y Asia Menor, dos regiones con las que los etruscos comerciaban. Estos edificios públicos incluían un atrio con una cuenca poco profunda que recogía el agua de lluvia para beber y cocinar. Frente al atrio había una habitación con una cisterna, una chimenea y un cuarto de servicio.

Dieta

Los etruscos no dejaron atrás ninguna receta que los arqueólogos puedan reconstruir, pero los hallazgos arqueológicos han descubierto algunos de los alimentos más comunes. La mayoría de las pruebas provienen de los artículos domésticos descubiertos en las antiguas cocinas, así como de los tipos de comidas representadas en las pinturas y las decoraciones de las antiguas necrópolis. A partir de estas pruebas, los estudiosos pueden determinar que la mayoría de la población etrusca no comía carne con regularidad. Si había un banquete, los invitados se daban un festín de caza asada, aves y cerdo. El cerdo era el animal doméstico más común porque podía comer varios tipos de comida y no necesitaba grandes pastizales o campos. El terreno y la flora del territorio etrusco presentaban numerosos robles y bosques donde se permitía a los cerdos correr libremente y comer bellotas y otros bienes. Al final del día, la gente encontraba sus cerdos y los traía de vuelta para pasar la noche.

La comida diaria de un etrusco consistía probablemente en queso, legumbres, gachas, hierbas y verduras variadas. El ajo y la cebolla eran los condimentos más comunes para las comidas, y las sopas podían hacerse en la misma olla y ser consumidas por toda la familia. Las aceitunas se cultivaban en enormes arboledas y se usaban para hacer aceite de oliva que podía usarse con la comida, pero también servía para un propósito ritual. Las ramas y hojas de olivo eran un símbolo popular en los frescos etruscos también. Las uvas se cultivaban para hacer vino para beber y para los rituales. A diferencia de los vinos modernos, los vinos antiguos tendían a ser aguados para poder ser consumidos regularmente. La fermentación de las uvas se usaba para prevenir la transferencia de bacterias que vivían en el agua dulce regular. Aunque los etruscos no conocían las bacterias, sabían que beber agua corriente a menudo enfermaba a la gente. Por lo tanto, a menudo la combinaban con otro líquido y luego la dejaban fermentar y crear alcohol, lo cual destruía los efectos de la enfermedad.

Uvas de vino nativas del territorio etrusco

Además de las uvas, aceitunas, cebollas y ajo, otros cultivos populares eran las judías, guisantes, melones, higos, habas, lentejas, garbanzos, cebada y mijo. Los manzanos se cultivaban a veces en huertos, mientras que las bayas se recogían de los arbustos del campo. Cuando los etruscos comían carne, era ganado o animales cazados en los bosques cercanos. Aparte de los cerdos, podían ser cabras, pollos, patos, conejos, jabalíes y ciervos. La pesca se hacía en los ríos y mares cercanos. Para complementar sus frutas, verduras y carnes, los etruscos desarrollaron una forma de convertir los granos en una delicia aún más sabrosa: Hay pruebas que demuestran que los etruscos hacían la pasta a partir de la masa con los rodillos tradicionales para amasar.

Cocinar los alimentos era una tarea que llevaba mucho tiempo y que podía llevar todo el día, y a pesar del largo proceso de cocción de los alimentos, los etruscos consumían dos comidas cada día. La mayoría de los horneados y cocciones se hacían en fogatas abiertas, y los granos para el pan debían ser molidos antes de su consumo. Las mujeres hacían una gran variedad de panes, incluyendo el pan de uva, un alimento que aún se come hoy en día. Algunos utensilios importantes que usaban eran las cacerolas, coladores, ralladores y sartenes.

Ropa

La información sobre la ropa de los antiguos etruscos proviene de artefactos como esculturas de bronce, figuras pintadas, tallas en relieves de piedra y las imágenes dibujadas en urnas funerarias. Es poco probable que las fibras utilizadas para hacer la ropa hayan sobrevivido a los rigores de la descomposición. Aunque gran parte de la cultura etrusca fue absorbida por los romanos, los arqueólogos e historiadores son capaces de distinguir entre la moda etrusca y la romana gracias a las imágenes conservadas. Lo que se descubrió es que los etruscos favorecían las prendas extravagantes y coloridas y los diseños que se destacaban, especialmente para las clases altas.

La ropa se creaba a partir de tejidos hechos con fibras naturales. Los descubrimientos de artefactos revelan que existían herramientas importantes como husos, pesos de telar y carretes mucho antes de que los etruscos estuvieran en la misma zona, lo que indica que muy probablemente heredaron su conocimiento sobre el tejido de sus predecesores, los villanovianos. Muchas mujeres etruscas se encargaban de tejer la lana en casa para crear ropa para la familia, pero no eran las únicas. Algunos objetos descubiertos en las tumbas indican que los hombres también tejían y podrían haber reparado su propia ropa, ya que las mujeres tenían otras tareas fuera del hogar. Con el tiempo, el desarrollo de la agricultura y el auge de la metalurgia significó que los etruscos pudieron desarrollar una clase de manufactura capaz de tejer y producir ropa a mayor escala. Las familias ya no tenían que ocuparse de la lana por su cuenta y podían comprar telas y linos a vendedores especializados. Los etruscos eran famosos por su producción de lino y también producían lana, pieles de animales tratadas y algodón para uso regular. La mayoría podía ser teñida para denotar su estatus y dar a la ropa sus características extravagantes.

Los arqueólogos pueden rastrear la influencia de Jonia y el Cercano Oriente en la cultura etrusca, ya que los etruscos preferían los sombreros cónicos suaves, los patrones decorativos y coloridos, y el calzado puntiagudo teñido con colores brillantes. La influencia griega también se produjo, con individuos que llevaban vestidos largos unidos por broches, simples capas blancas llamadas *himatión*, y túnicas de manga corta llamadas *chitón*. La moda griega era más común en las ciudades costeras donde se realizaba el comercio y se veían los bienes y las obras de arte de las ciudades griegas. La ropa de estilo griego tendía a ser hecha de lino ligero en lugar de otros materiales.

Sin embargo, el diseño real de la ropa cotidiana es difícil de definir. La mayoría de los recursos que los arqueólogos e historiadores han obtenido de los frescos y otras pinturas murales que tienden a representar a los individuos en ropas finas y ceremoniales. Los trajes de los músicos y bailarines no son fiables, ya que casi todas las culturas tienen ropa específica para las actuaciones. Sin embargo, los historiadores creen que, en general, los etruscos favorecían la ropa ligera en una variedad de colores, cortes, estilos y diseños. Los patrones eran populares, así como la extravagancia y otras extravagancias, especialmente en la aristocracia.

La ropa de las mujeres no fue una excepción al uso del color y el estilo. Las mujeres típicamente usaban corpiños, capas y abrigos cortos en una amplia gama de colores como naranja, verde, azul real, rojo y amarillo. Los patrones podían incluir rayas verticales y horizontales, así como lunares. Los vestidos podían ser sin mangas o tener una variedad de longitudes de mangas, pero no había un corte distintivo más allá de un corte de arco sobre los pies. Las borlas y los flecos decorativos también eran populares. La ropa femenina tendía a ser suelta en la falda misma, pero un poco ajustada alrededor de la cintura y el pecho para acentuar las curvas.

La ropa de los hombres también era extravagante. Tendían a llevar túnicas cortas o justillos con cinturón. Las túnicas largas eran populares para los cargos religiosos y políticos. Al igual que las prendas de vestir para las mujeres, los colores como el azul, verde, naranja, amarillo y rojo se utilizaban a menudo como colorantes. Se usaba un sombrero suave en forma de cono y se sujetaba con correas de tela o cuero en la barbilla. De nuevo, puede ser difícil determinar la naturaleza exacta de la ropa diaria de un hombre, ya que los hombres a menudo se pintaban con sus galas, equipo militar o túnicas ceremoniales en lugar de la ropa promedio de un individuo.

Bailarines etruscos en la Tumba del Triclinio, c. 470 a. C.

Los etruscos fueron tal vez los creadores de la toga, que fue llamada la *trebenna*. Este estilo de ropa era una larga pieza de tela cuidadosamente doblada y asegurada en su lugar sobre el hombro izquierdo de un individuo. Las clases altas la usaban para distinguirse de los demás y a menudo teñían la ropa en colores brillantes como el rojo y el azul. Tales estilos serían adoptados por los romanos más tarde, quienes usarían togas rojas y púrpuras como signos de victoria y gloria. En la mayoría de los casos, sin embargo, la *trebenna* etrusca era simple, blanca y la usaban todos los hombres libres.

A diferencia de los griegos, con los que se suele comparar a los etruscos, estos llevaban regularmente zapatos. El tipo de calzado más común parece haber sido un zapato puntiagudo que era un cruce entre una bota y una zapatilla. Estos eran atados en su lugar y frecuentemente eran teñidos de verde o burdeos con colores más profundos y ricos siendo comunes para los individuos más ricos. Los esclavos y los hombres y mujeres pobres libres típicamente usaban sandalias simples que se sujetaban al pie mediante el uso de correas cruzadas. Probablemente no eran de cuero, sino de tela y madera. Las sandalias descubiertas en las tumbas tendían a tener tacos de metal y finos injertos de metal alrededor de las suelas, potencialmente para mejorar la durabilidad. Durante los períodos de tiempo frío y húmedo, los etruscos probablemente cubrían sus botas o sandalias con finos zapatos de metal hechos de chapa de bronce.

Capítulo 3 - El origen de los etruscos

En cuanto a sus orígenes, los etruscos poseen una larga y compleja historia. Mientras que los científicos pueden hacer estudios genéticos modernos de los esqueletos para determinar el origen étnico de los etruscos como pueblo, los romanos y griegos que siguieron a su ilustre civilización desarrollaron sus propias hipótesis. Los romanos se veían a sí mismos como separados de los etruscos a pesar de haber copiado gran parte de su cultura y, por lo tanto, necesitaban una forma de explicar cómo se establecieron los etruscos en Italia. Desarrollaron una hipótesis para explicar el origen de la civilización etrusca en la temprana Edad de Hierro, mientras que los griegos también dieron sus propias explicaciones. Las siguientes hipótesis fueron creadas por varios historiadores y figuras políticas influyentes de diversas culturas en todo el Mediterráneo: El escritor romano Livio, el político romano Plinio el Viejo y los historiadores griegos Dionisio de Halicarnaso, Helénico de Lesbos y Heródoto.

Origen autóctono (indígena)

Dionisio de Halicarnaso expuso la primera teoría sobre el origen de los etruscos cuando escribió: "En efecto, probablemente se acercan más a la verdad aquellos que declaran que la nación emigró de ninguna otra parte, sino que era nativa del país, ya que se encuentra que es una nación muy antigua y que no concuerda con ninguna otra ni en su idioma ni en su forma de vida".[2]

Esta teoría se conoció como la teoría autóctona o indígena, que afirmaba que los etruscos eran habitantes originales o nativos de la península itálica. Esto significaba que no emigraban de otro lugar y que también eran descendientes de la cultura Villanova que precedió a la distinción de los etruscos. Algunos historiadores han estado de acuerdo con esta afirmación a lo largo de los siglos XX y XXI, argumentando que los villanovianos de la Edad de Hierro deberían haber sido llamados en realidad "protoetruscos", ya que la lengua etrusca no apareció en el vacío.[3] Algunos van más allá y describen a los etruscos como una comunidad étnica insular que evitó el aluvión de hablantes de lenguas indoeuropeas que dominaron el resto del mundo antiguo.

Algunos historiadores denuncian el trato inusual que recibieron los etruscos en los círculos académicos, argumentando que el hecho de que la civilización etrusca ya no existiera en su formato original no significaba que fuera un grupo étnico extranjero. El historiador y arqueólogo italiano Massimo Pallottino fue el mayor defensor de que los etruscos fueran nativos de su hogar en Etruria, afirmando que "nadie soñaría con preguntar de dónde vinieron los italianos o los

---

[2] Dionisio de Halicarnaso, *Antigüedades romanas, Libro I Capítulos 30*, 1.

[3] Giuliano Bonfante y Larissa Bonfante, *La lengua etrusca, Una introducción (Edición Revisada),* Manchester: Prensa de la Universidad de Manchester, 2002, pág. 3.

franceses originalmente; es la formación de las naciones italiana y francesa lo que estudiamos".[4]

Origen alóctono (no indígena)

Otra idea era que los etruscos no se originaron en la península itálica en absoluto. Esta teoría en particular fue impulsada por los autores griegos y romanos que vieron a los etruscos como un problema histórico. Esto tenía que ver con la idea de que los etruscos eran simplemente demasiado diferentes de los otros itálicos debido a su teología y la inusual libertad de las mujeres, entre otros rasgos. Al describir el origen de los etruscos, los romanos a menudo recordaban sus propias amalgamas de cultura y mitología griega, afirmando que los etruscos eran diferentes de ellos mismos. Los romanos creían que eran los descendientes de los fugitivos de Troya tras la guerra griega de Troya. Los etruscos, mientras tanto, eran otra fuerza externa.

Heródoto, el escritor e historiador griego, afirmó que los lidios creían que los etruscos eran en realidad antiguos lidios de Asia Menor. Declaró que para los etruscos:

Esta es su historia: [...] su rey dividió al pueblo en dos grupos, y los hizo echar a suertes, de modo que uno de ellos se quedara y el otro abandonara el país; él mismo sería el jefe de los que echaran a suertes para permanecer allí, y su hijo, que se llamaba Tirreno, de los que se fueran. [...] llegaron a los ombrici, donde fundaron ciudades y han vivido desde entonces. Ya no se llamaban a sí mismos lidios, sino tirrenos, por el nombre del hijo del rey que los había llevado allí.[5]

Los autores modernos tienden a discutir las reclamaciones de los romanos y los griegos, afirmando que las reclamaciones de los etruscos que se habían originado en otro lugar se difundieron por diversas razones políticas. Para los romanos, querían diferenciarse de

---

[4] Eric Pace (1995-02-20). "Massimo Pallottino, 85, experto en antiguos etruscos, ha muerto". *The New York Times.* Extraído el 2010-05-02.

[5] *Historias* 1.94.

su enemigo, ya que los romanos y los etruscos luchaban frecuentemente entre sí por los recursos y el territorio. Mientras tanto, los propios etruscos podrían haber planteado la idea de que eran originalmente griegos o que procedían de Asia Menor para impulsar su política exterior y sus rutas comerciales.

Origen de los pueblos del mar

Los pueblos del mar fueron una fuerza misteriosa del mar Mediterráneo durante los siglos XIV al XIII a. C. que desbarató muchas de las civilizaciones de la Edad de Bronce y los dejó para recoger los desarrapados restos de la sociedad. Quienquiera que fuera esta misteriosa fuerza, era una potencia para tener en cuenta que logró reunir nuevas bases de influencia en el Mediterráneo occidental. Algunos historiadores, en particular Massimo Pallottino, creen que los etruscos podrían haber sido esta fuerza. Sin embargo, la mayoría de los estudiosos siguen sin estar convencidos simplemente porque no hay pruebas concluyentes que apoyen tal teoría.

Pallottino basa su hipótesis en la palabra *tirreno* que aparece en las inscripciones egipcias cuando los egipcios describían a los pueblos del mar.[6] Esta palabra puede ser conectada a los etruscos porque fueron llamados los *tirrenos* por algunos de sus vecinos durante los siglos VI y V a. C. Sin embargo, los estudiosos no pueden encontrar vínculos lingüísticos significativos entre los etruscos, los pueblos del mar, y las inscripciones en Lemnos que algunos afirman que conectan a los etruscos con los poderosos piratas del Mediterráneo.

¿Podrían los etruscos haber sido los pueblos del mar de la leyenda? Es posible, pero improbable, considerando la falta de pruebas. Puede que el mundo contemporáneo nunca posea una respuesta definitiva, pero eso no significa que un vínculo no merezca ser investigado.

Estudios genéticos modernos

---

[6] Pallottino, *Los etruscos*, 49 y sig.

El desarrollo de la nueva tecnología genética significa que los científicos pueden probar el ADN dejado en los antiguos esqueletos etruscos, así como en las modernas poblaciones toscanas para tener una mejor idea del origen étnico etrusco. Los humanos, a pesar de moverse a nuevos lugares con el tiempo, pueden ser categorizados en varios grupos prominentes de ADN que indican su tierra natal. Después de examinar múltiples muestras de esqueletos etruscos, así como el ADN de la Toscana moderna, los científicos determinaron que hay pruebas significativas que apoyan la teoría de que los etruscos eran nativos de la península itálica. Mientras tanto, los estudios también explicaron que no hay suficiente evidencia que indique que las poblaciones contemporáneas de la Toscana son los descendientes directos de los etruscos.[7] Mientras que ha habido algún debate sobre la autenticidad y la exactitud de las antiguas pruebas de ADN, es posible hacer una suposición educada de que los etruscos probablemente posean un origen autóctono.

El estudio más grande de ADN mitocondrial se realizó en 2013. Basado en el ADN heredado por la madre, los etruscos probablemente provenían de una población nativa. Este estudio extrajo y determinó el tipo de ADN mitocondrial de catorce individuos de dos necrópolis. La información de estos lotes de ADN mitocondrial fue analizada junto con otras muestras más antiguas, así como el ADN contemporáneo y medieval de las poblaciones toscanas y de otros 4.910 individuos que viven en el Mediterráneo. El ADN se analizó mediante varios millones de simulaciones por ordenador para descubrir similitudes y vínculos entre las muestras. Los resultados indicaron que los etruscos podían considerarse los antepasados de los toscanos medievales y que las poblaciones antiguas podían considerarse comparables al ADN mitocondrial de Anatolia. Esto apoya la teoría de que los etruscos pudieron haber migrado desde Anatolia entre 6.000 y 7.000 años atrás durante la Revolución

---

[7] Perkins, Phil (2017). "El ADN y la identidad etrusca". En Naso, Alessandro. *Etruscología*. Berlín: De Gruyter. págs. 109-118.

Neolítica. Esto significa que los etruscos eran genéticamente los más cercanos a los agricultores neolíticos de Europa central, por lo que su herencia era más probablemente nativa de Europa.[8]

Varios otros estudios de ADN mitocondrial se llevaron a cabo entre 2007 y 2018. En cada estudio, los científicos compararon muestras de ADN mitocondrial e intentaron distinguir haplogrupos similares entre las poblaciones antiguas conocidas para ver si había más pruebas que apoyaran la idea de que los etruscos se desarrollaron a partir de poblaciones europeas nativas, procedían de Anatolia o tal vez migraron desde otro punto de origen en el Oriente Medio o África.[9]

En cada estudio, los científicos tenían que dar cuenta de la posible degradación del ADN, lo que implicaba realizar pruebas rigurosas y trabajar con el ADN dañado o contaminado de los hallazgos arqueológicos.[10]

La mayoría de las pruebas revelaron nueva información que ha dificultado la determinación del origen exacto de los etruscos. Algunos científicos creen que hay un origen de Oriente Medio, como el de Anatolia, mientras que otros siguen convencidos de que los etruscos procedían de algún lugar de Europa central. El arqueólogo británico Phil Perkins ofrece un análisis sucinto de los estudios de ADN realizados en los últimos veinte años en un volumen colectivo titulado *Etruscología*, que se publicó en 2017. En el libro, escribe: "Ninguno de los estudios de ADN realizados hasta la fecha demuestra de manera concluyente que los etruscos fueran una población intrusa

---

[8] Ghirotto S, Tassi F, Fumagalli E, Colonna V, Sandionigi A, Lari M, y otros (2013). "Orígenes y evolución del ADN mitocondrial de los etruscos". PLoS ONE. 8 (2): e55519. doi:10.1371/journal.pone.0055519.

[9] Un haplogrupo es un término científico que se refiere a una categoría de haplotipos, o alelos de ADN heredados de un solo progenitor.

[10] Mateiu LM, Rannala BH (2008). "Inferencia bayesiana de errores en el ADN antiguo causados por la degradación postmortem". Biología Molecular y Evolución. 25 (7): 1503-1511. doi:10.1093/molbev/msn095.

en Italia originaria del Mediterráneo oriental o de Anatolia" y "hay indicios de que las pruebas de ADN pueden apoyar la teoría de que los etruscos son autóctonos en el centro de Italia".[11]

---

[11] Perkins, Phil (2017). "El ADN y la identidad etrusca". En Naso, Alessandro. *Etruscología*. Berlín: De Gruyter. págs. 109-118.

Capítulo 4 - La orientación etrusca, entre el 600 y el 400 a. C.

Los etruscos pasaron por un período de orientación en el que desarrollaron una cultura y una sociedad distintas de las de los villanovianos que les precedieron. Alrededor del año 600 a. C., los etruscos serían el más exitoso de los pueblos itálicos debido a su estable situación política, militar, las rutas comerciales con otros grupos étnicos y civilizaciones en la región del Mediterráneo, y su floreciente cultura. Aunque no hay muchas fuentes escritas supervivientes, los historiadores son capaces de reconstruir gran parte de la historia etrusca a través de obras de arte, restos arqueológicos, arquitectura y documentos escritos por los romanos, que alcanzarían una gran prominencia después de una serie de guerras con los etruscos. Muchos estudiosos consideran el período de orientación etrusca como uno de los momentos más significativos de la época para la península itálica, porque demuestra no solo los numerosos caminos de desarrollo que los grupos italianos pudieron tomar, sino también por qué Roma pudo tener tanto éxito y adelantar a la península a través de sus militares e ideologías.

Los arqueólogos e historiadores dividen frecuentemente Etruria entre los asentamientos del norte y del sur. Como se puede ver al estudiar las ligas etruscas, las ciudades-estado o asentamientos del sur eran los más avanzados y desarrollados, mientras que las pocas ciudades-estado del norte tendían a ser más débiles. Las ciudades-estado más prominentes que surgieron durante la orientación etrusca fueron Tarquinia, Veyes, Cerveteri, Vulci y Orvieto. Estos asentamientos poseían la arquitectura más progresiva, incluyendo templos de piedra y tejas de terracota en casas con cimientos de roca. Las cisternas y los sistemas de desagüe en roca eran también comunes. Asentamientos como Tarquinia y Veyes poseían comunidades satélites, lo que indica un control significativo sobre el terreno y la geografía circundantes.

Durante el siglo V a. C., los etruscos desarrollaron un sistema político basado en las ciudades-estado centrales. Dentro de los asentamientos, existía una jerarquía de familias nobles que poseían la mayoría de los recursos y tendían a casarse entre sí. Un líder comparable a un rey llamado *lucomo* dirigía cada ciudad-estado, pero no parecía haber una línea real de linaje. En su lugar, el título se otorgaba a un hombre elegido de una de las familias de élite o aristocráticas, normalmente el que poseía el ejército más fuerte y la mayoría de los recursos a la muerte del último lucomo. La presencia de una monarquía no era indicativa de estabilidad, sino más bien de una centralización del poder basada en un grupo de familias prominentes. Lo más probable es que estas familias lucharan entre sí por el control y la autoridad.

Sin embargo, este lucomo se hizo prominente durante el siglo V a. C. y parecía estar asociado a la reunión de la Liga Etrusca cada año para elegir un único representante de los doce asentamientos etruscos que participaron. Esta Liga Etrusca, nombre traducido aproximadamente por los lingüistas, era la más poderosa de las tres ligas en las que se organizaban las ciudades-estado. Continúa el debate sobre el alcance de los poderes prácticos del lucomo, pero se puede inferir que la posición era ritualista y sacerdotal y que el individuo elegido poseía importantes deberes religiosos que debían cumplirse. Mientras tanto, el poder legítimo se dividía entre otros individuos y magistrados influyentes, similar al de los romanos que vendrían después.

Alrededor de la época de la orientación política llegó un período de desarrollo militar, ya que las ciudades-estado etruscas trabajaron para ser más dominantes y militaristas para mantener y ampliar su territorio. Según el historiador Christopher Smith, "los etruscos estaban desarrollando una forma de guerra similar a la guerra griega".[12] En lugar de llevar armaduras ligeras y flexibles y de llevar espadas ligeras y armamento variado asociado a las pequeñas unidades tribales de la Edad de Bronce, los soldados comenzaron a ser engalanados con armaduras pesadas y llevaban múltiples implementos como escudos redondos, lanzas y espadas. Algunas guerras hoplitas parecían estar en efecto, pero eran la excepción más que la regla. En la guerra hoplita, los soldados luchaban con lanzas y escudos en formaciones muy unidas llamadas falanges. Los soldados podían provenir de la población general de hombres libres mientras que los comandantes eran élites.

Gran parte de lo que se considera cultura etrusca se desarrolló durante el período de orientación a lo largo de los siglos V y IV a. C. La arquitectura se transformó y comenzó a presentar grandes edificios construidos alrededor de patios públicos centrales, mientras que las calles de ciudades como Veyes muestran signos de planificación y desarrollo urbano en torno a un sistema lineal distinto con una clara orientación norte-sur. Otra ciudad importante es Marzabotto, fundada alrededor del año 500 a. C. Esta ciudad es una de las más organizadas, construida alrededor de un sistema cuadrado con edificios ordenados.

---

[12] Christopher Smith, *Los etruscos: Una introducción muy corta*, Oxford: Prensa de la Universidad de Oxford, 2014, pág. 65.

Su necrópolis, en cambio, es desordenada e irregular, aunque nadie sabe muy bien por qué. Las obras de arte llegaron a su apogeo, y algunos de los entierros más ricos aparecieron en este punto. Las élites desarrollaron una cultura de consumo y espectaculares despliegues de riqueza para consolidar su posición en la floreciente aristocracia. Estos incluirían lujosos funerales que duraban unos pocos días, así como ricos objetos funerarios.

También surgieron puntos de comercio en los asentamientos de Pirgi y Gravisca. Estas ciudades-estado eran regiones importantes porque proporcionaban información sobre el comercio etrusco con civilizaciones y pueblos de fuera de la península itálica con los otros grupos étnicos y sociedades distintas cercanas a los etruscos. Estas ubicaciones permitían un mayor grado de mezcla entre los diferentes pueblos, así como la posibilidad de los matrimonios mixtos, aunque esto no era común. Los historiadores teorizan que los etruscos solían estar más abiertos a otros pueblos entre los siglos VII y VI a. C., pero luego se cerraron alrededor del siglo V a. C. para mantener a las culturas extranjeras fuera de los centros urbanos centrales y lejos de los principales puertos del mar Mediterráneo. Un influjo de la cultura griega se puede encontrar en Pirgi y Gravisca, incluyendo varias deidades que serían incorporadas a las religiones de los itálicos. Los etruscos también comenzaron a adorar y a mostrar sus deidades en formas distintivamente griegas, aunque usaban terracota en lugar de mármol.

Si bien los estudiosos son capaces de describir las tendencias generales de la actividad de los etruscos, los acontecimientos históricos específicos son difíciles de determinar. La mayoría de los estudiantes contemporáneos asocian la historia con fechas y detalles concretos, pero los eruditos de los etruscos no reciben esa información. Esto se debe a que no hay registros como las tablillas de arcilla o mármol que han sobrevivido a los rigores de la degradación ambiental y la erosión. En su lugar, los historiadores y arqueólogos reconstruyen la historia examinando los objetos de los entierros y la edad de las ciudades y los artefactos encontrados en toda la región. A través de estos métodos, los historiadores pueden ver que los etruscos se volvieron más agresivos durante su período de orientación, tratando de desplazarse tanto al norte como al sur fuera de su territorio y dentro del territorio de los otros itálicos cercanos.

Cuando los etruscos intentaron moverse hacia el sur, fracasaron drásticamente, perdiendo importantes asentamientos y territorio junto con las rutas comerciales asociadas. Esta pérdida fue compensada por el éxito en el norte, donde los etruscos pudieron superar algunas pequeñas y débiles ciudades que muy probablemente estaban subpobladas en ese momento. Múltiples asentamientos aparecieron en esta época, incluyendo Marzabotto, Spino y Pisa. Según historiadores como el mencionado Christopher Smith, estos asentamientos fueron cruciales para las complicadas redes comerciales de los etruscos.[13] Las ciudades individuales fueron importantes para hacer que el sistema funcionara, ya que esos asentamientos a lo largo de la costa proporcionaban conexiones con otras civilizaciones como la griega. Estos asentamientos luego, a su vez, pasaban los bienes hacia el interior mientras enviaban los bienes manufacturados etruscos como la cerámica hacia el exterior.

Durante el período de orientación, los etruscos mostraron algunos rasgos de la colonización. Es cierto que desarrollaron asentamientos fuera de su territorio, de los que fueron protectores y utilizados como puestos de comercio y puntos de apoyo en regiones más allá de la península itálica. Sin embargo, los historiadores debaten si el término "colonización" es realmente exacto, ya que los etruscos no tomaron ninguna medida drástica para hacer únicamente asentamientos etruscos fuera del continente. Otra cuestión es que la civilización etrusca no se organizó en torno a un solo poder estatal, sino que fue una amalgama de ciudades-estado que se sabía que se excluían entre sí en las empresas políticas y militares. Por ejemplo, la expansión

---

[13] Smith, *Los etruscos*, pág. 70.

hacia el norte excluyó deliberadamente a muchas de las ciudades-estado del sur, potencialmente debido a que no lograron ampliar las fronteras hacia el sur.

Eventualmente, Etruria desarrollaría una relación con Campania. Campania es una región del sur de Italia que una vez estuvo poblada por tres grupos de antiguos italianos que hablaban la lengua de los oscanos: los osci, los aurunci y los ausones. Otro pueblo llamado los samnitas eventualmente se mudaría a la región desde el centro de Italia durante el siglo VIII a. C. El alcance de la relación entre Etruria y Campania es turbia y difícil de entender. Había una obvia conexión cultural entre las dos regiones, ya que compartían desarrollos y tradiciones similares. Un ejemplo de ciudad con similitudes es Pontecagnano, que compartía la agricultura, algunos elementos del lenguaje e incluso similitudes en las obras de arte, como menos representaciones de figuras mitológicas griegas. Las interacciones entre Etruria y Campania aumentaron entre los siglos VII y VI a. C., como lo demuestra la afluencia de artefactos encontrados en la región.

Sin embargo, el alcance y la dinámica de poder de la relación se oscurece con el tiempo. Algunos historiadores miran a Roma como ejemplo de lo que sería una relación etrusca con una sociedad itálica. A primera vista, este procedimiento parece una idea sensata. Pero hay algunas cuestiones importantes. Para empezar, la historia romana temprana es un enigma para los historiadores contemporáneos porque las mejores fuentes provienen de historiadores como Livio que escribía sobre el siglo VIII a. C. a mediados del siglo I a. C. bajo el reinado de Augusto durante el Imperio romano. El propio Livio, el historiador romano más destacado, lamentó su falta de fuentes y creyó que muchas fueron destruidas durante los incendios del siglo IV a. C. Sus escritos también están fuertemente influenciados por la mitología romana y la cultura popular. Por ejemplo, los romanos creían que eran los descendientes de los exiliados troyanos de la famosa guerra griega de Troya esbozada por la *Odisea* de Homero.

Un escritor romano, Virgilio, incluso escribió la *Eneida* describiendo el exilio de Troya y la fundación de Roma.

Otro problema al centrarse en la relación entre los etruscos y los romanos es que Roma era una sociedad mucho más poderosa en comparación con las sociedades de Campania. A diferencia de Roma, la Campania luchó por ganar territorio y un punto de apoyo militar en la península itálica. Los romanos, por otro lado, estaban construyendo una importante fuerza cultural y militarista y ya estaban empujando sus fronteras. Esto significa que los etruscos y los romanos operaban en un campo de juego mucho más parejo, mientras que los etruscos y los pueblos de Campania habrían sido desiguales. Es totalmente posible que los etruscos dominaran Campania y los manipularan para obtener recursos, pero también es probable que su relación fuera cordial y amistosa. Desafortunadamente, nadie puede decirlo.

El período de orientación se caracterizó por la violencia y la discordia en el centro de la ciudad. El desarrollo de una fuerte cultura etrusca no era indicativo de paz o armonía entre los pueblos itálicos. Las historias registradas por los romanos demuestran que no era raro que los líderes influyentes se pusieran en marcha y trajeran consigo a sus seguidores en la búsqueda de poder y conquista. Estos líderes podían establecer sus propios asentamientos con estas personas y añadir más complejidad al paisaje político de la península italiana. Es posible que tal discordia permitiera a los etruscos hacerse poderosos, pero tal poder no podía durar. Simplemente había demasiada competencia en el Mediterráneo, no solo entre los pueblos itálicos, sino también con los griegos, las civilizaciones del Levante y de Anatolia, y las sociedades en ascenso en el norte de África.

Un gran golpe a los etruscos vino después de una guerra entre los persas y los griegos fenicios. Cuando los persas atacaron a los griegos fenicios y los expulsaron de algunas de sus colonias, los griegos se dirigieron al Mediterráneo para encontrar nuevos lugares para asentamientos. Una de las islas que vieron fue Córcega. Córcega era de importancia estratégica para los etruscos, y a Etruria no le agradaba ver la isla al oeste poblada por griegos. Para eliminar la nueva amenaza, los etruscos formaron una alianza con los cartagineses en el norte de África para expulsar a los fenicios. Los cartagineses también estaban descontentos con la pérdida de Córcega y luchaban con una mayor población de refugiados griegos. Juntos, Etruria y Cartago expulsaron a los griegos de Córcega alrededor del 540 a. C., y Cartago tomó la isla.

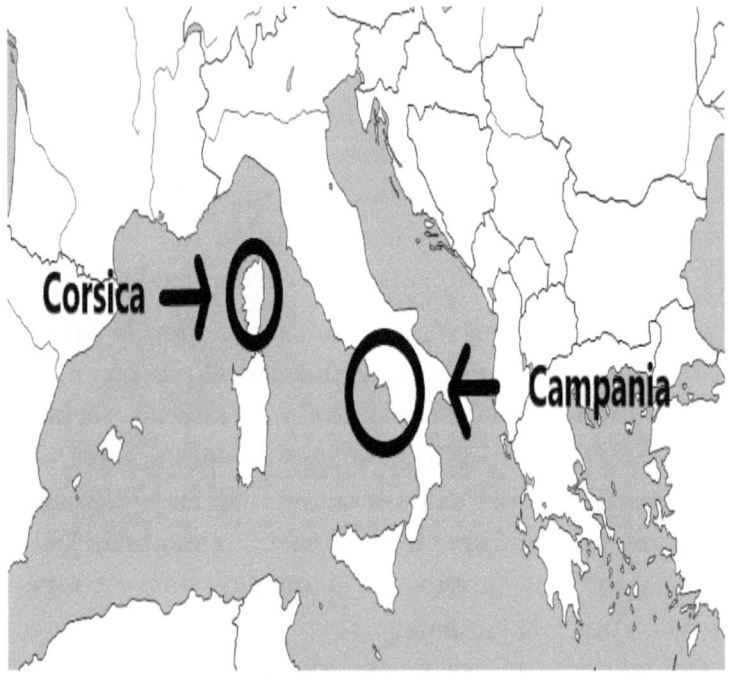

Los fenicios, habiendo sido desplazados una vez más, se establecieron en Calabria en su lugar. Y a pesar de su victoria, los etruscos sufrieron mucho. Después de apedrear a sus prisioneros fenicios hasta la muerte, Etruria fue golpeada por una calamidad: la peste. Una devota sociedad religiosa, los etruscos se dirigieron a un oráculo para rogar por una solución al problema y fueron informados de que el trato que daban a los fenicios era la causa. Para evitar de nuevo un incidente de este tipo, los etruscos fueron más indulgentes en su política exterior desde finales del siglo VI a. C., pero siguieron protegiendo agresivamente sus fronteras y colonias fuera de la península itálica. Esto les permitió asegurar Cerdeña, las islas Lipari y secciones de Córcega.

Esta celosa defensa de sus fronteras hizo que Etruria atacara a Cumas, un asentamiento griego en Campania. Los historiadores no están seguros de las razones exactas por las que Cumas cayó en la mira de los etruscos, pero Etruria se movió sobre la ciudad e intentó reclamarla mediante la conquista. Fuentes antiguas posteriores exageran el tamaño del ejército etrusco y plantean numerosas razones para el posible ataque. Una fue que Etruria simplemente quería expandirse. Otra fue que Etruria temía una Roma fuerte y quería acabar con los sentimientos pro-romanos en Cumas. Ninguna de las dos perspectivas es probable que sea toda la verdad, pero no importa lo que pasó para causarlo, el ataque etrusco a Cumas falló de todos modos.

Alrededor del 474 a. C., los etruscos volvieron a atacar Cumas, esta vez trayendo consigo un contingente de cartagineses. Incapaz de soportar ambos ejércitos, Cumas apeló al cercano tirano de Siracusa. Este tirano envió su flota para ayudar a proteger la ciudad, lo que resultó en una victoria masiva para Cumas y una vergonzosa derrota para los etruscos. La fuerza etrusca que atacó Cumas probablemente consistió en ciudades costeras del sur. Aunque los futuros escritores griegos y romanos describieron la victoria como humillante y un golpe mortal para los etruscos en Campania, lo más probable es que no vuelva a ocurrir. En todo caso, el fracaso en la toma de Cumas fue probablemente solo un paso de muchos que llevaron al declive de la influencia de Etruria en Campania.

La explicación más probable del declive de la influencia etrusca en la región fue la llegada de los belicosos samnitas de habla osca. Este grupo bajó de los Apeninos centrales y fue una de las tribus itálicas descritas anteriormente. Alcanzaron prominencia a través de los años 430 y 420 a. C., habiendo dominado Capua y luego poniendo sus ojos en Cumas. Las ciudades fueron tomadas en el 423 y 421 a. C., respectivamente. Los samnitas de habla osca trajeron, junto con sus ejércitos, oleadas de colonos cuya cultura y lengua se hicieron dominantes en Campania a lo largo del siglo V a. C., desplazando completamente y luego aniquilando la cultura etrusca allí. Los arqueólogos pueden rastrear la pérdida de las prácticas de entierro etruscas, los títulos políticos y las convenciones de denominación a medida que fueron siendo reemplazadas por las tradiciones oscas. Incluso la figura del guerrero se hizo más prominente, echando al erudito y artista etrusco como el ideal.

Al comenzar el siglo IV a. C., los etruscos estaban listos para recibir otra patada en el trasero. Esta vez, fue de una bota usada por los invasores galos. Los galos eran un grupo de pueblos celtas en el centro-oeste de Europa durante la Edad de Hierro. Mucha gente los recuerda por su continuo conflicto con los romanos. El historiador romano Livio ofrece varias explicaciones de por qué los galos decidieron mudarse al sur, y los etruscos son culpados en ambos casos. En la primera historia, un etrusco tonto llamado Arruns de Clusium fue al norte en vergüenza después de que su joven pupilo violara a su esposa y la expusiera en público. Mientras estaba allí, demostró la gloria de las llanuras de Etruria y atrajo a los galos al sur como colonos y trabajadores. Una vez que llegaron, Arruns fue incapaz de controlarlos.

El mismo Livio señala varios problemas con la primera historia, en particular con la línea de tiempo de los eventos. Si el problema hubiera sido causado por un hombre de Clusium, los galos no habrían cruzado los Alpes hace más de doscientos años, ya que Clusium no tuvo importancia hasta después de la llegada de los galos. En cambio, Livio encuentra la segunda narrativa más creíble: Los galos fueron atraídos al sur por ofertas de trabajo como mercenarios. De nuevo, este empleo fue propuesto por los etruscos, quienes habían estado manejando exitosamente una relación funcional con sus vecinos bárbaros del norte por varios cientos de años. Sin embargo, un problema se desarrolló cuando el viaje a través de los Alpes, la cadena montañosa del norte de Italia, se hizo más fácil. Los galos, que creían en la práctica de los asentamientos dispersos, cruzaron las montañas y comenzaron a bajar a la península del sur, violando y saqueando todo el camino. Los etruscos fueron naturalmente afectados, e incluso Roma fue saqueada en el 387 a. C.

Las formas exactas en que los etruscos fueron afectados son turbias. Hay evidencias, especialmente en la rápida construcción de las apresuradas almenas alrededor de las ciudades-estado etruscas, que los galos atacaron asentamientos a lo largo de Etruria, así como en Roma. La pérdida de tierras de labranza y otras tierras cultivables a favor de los galos, vista por la presencia de artefactos "bárbaros" en los antiguos territorios etruscos, indica que los etruscos fueron incapaces de suprimir totalmente a los galos. Muchas de las ciudades-estado se vieron obligadas a reunirse más a menudo y tratar de cooperar más. Algunos historiadores creen que las tres ligas de las ciudades-estado se reunían con más frecuencia e incluían también a figuras políticas más importantes.

Un grabado en madera que representa la invasión de los galos a Italia

Con la llegada de los galos, la campana de la muerte etrusca había sonado. Ya en el siglo V a. C., la situación solo empeoraría para la otrora orgullosa civilización. Para el 400 a. C., los etruscos habían perdido suficiente poder e influencia como para ser amenazados por otro vecino dominante: los romanos. Aunque los romanos habían sido saqueados por los galos, estaban en ascenso y formaban una poderosa república que se expandiría y un día se convertiría en un imperio aún mayor. En cuanto a los etruscos, experimentaron su edad de oro durante su orientación y lograron extender su cultura y sociedad a través de la península italiana e incluso en Grecia, además de adoptar elementos de estas otras civilizaciones. ¿Podrían los etruscos haber sido clasificados como un imperio durante este tiempo? Tal vez no, ya que su poder no estaba centralizado y no se basaba en el dominio militar. Pero ciertamente eran una proeza cultural que era un poder para tener en cuenta. Desafortunadamente, los romanos pronto se encargarían de su asimilación.

Capítulo 5 - La Conquista romana, entre el 400 y el 20 a. C.

La relación entre los etruscos y los romanos fue larga y compleja, y los arqueólogos e historiadores a veces tienen dificultades para distinguir entre los acontecimientos y determinar la exactitud de las fuentes antiguas. A principios del siglo V a. C., la rivalidad entre los dos estados se había hecho más grave a medida que luchaban por el territorio y los recursos. Aunque los romanos habían incorporado numerosos aspectos de la cultura etrusca a la suya, no había amor entre los dos pueblos. Livio, el historiador romano, expuso lo que consideraba una historia completa entre los etruscos y los romanos, comenzando con el mito fundacional original de Roma.

La versión romana temprana de los eventos

En este mito, el rey Mecencio llevó a los etruscos a aliarse con el rey Turno de los Rútulos, una de las ciudades-estado itálicas. Juntos, atacaron a los troyanos exiliados y a los pueblos latinos. Los lectores de este volumen notarán que los etruscos mismos eran itálicos, por lo que la historia escrita por Roma ya tiene algunos errores, ya que afirmaban que los etruscos eran una fuerza externa reclutada por los rútulos itálicos para luchar contra los romanos. En la guerra subsiguiente, los latinos y los troyanos ganaron mientras que Turno pereció en la batalla. Los etruscos, troyanos y latinos acordaron una paz y determinaron que el río Tíber sería el principal límite entre los grupos.

Alrededor del siglo VIII a. C., el primer rey de Roma apareció en escena. Este hombre, Rómulo, era lo suficientemente poderoso como para atraer la ira y la envidia de los etruscos, que veían a Roma como una creciente amenaza en la península. Una de las ciudades-estado etruscas, Fidenas, comenzó a diezmar el territorio romano y las tierras de cultivo circundantes, lo que llevó a Rómulo a marchar sobre la ciudad principal etrusca de Fidenas y a establecer un campamento aproximadamente a una milla de sus fronteras. Rómulo ordenó a parte de sus tropas que establecieran una emboscada en las afueras de la ciudad mientras él marchaba hacia las puertas con el resto. Provocó a los etruscos para que salieran y los emboscó cuando persiguieron a los romanos. Rómulo entonces tomó la ciudad.

En este punto, los ciudadanos de la ciudad-estado etrusca de Veyes se preocuparon por sus hermanos y hermanas consanguíneos en Fidenas y decidieron lanzar una incursión en territorio romano. Los veyentes tuvieron éxito en merodear el campo y devolvieron su recompensa a Veyes. Rómulo, sin embargo, siguió a los etruscos con su propio ejército y luchó contra los veyentes fuera de las murallas de la ciudad. Los romanos ganaron una vez más, y los veyentes se amurallaron de nuevo en Veyes. Después de que los romanos destruyeran gran parte de los alrededores, Veyes demandó la paz. Recibieron cien años de relaciones civiles, pero necesitaban ceder una porción de su territorio a los romanos a cambio. Fidenas, mientras tanto, supuestamente se convirtió en una colonia.[14]

En el siglo VII a. C., varias de las ciudades-estado etruscas y Roma entraron en guerra una vez más. Roma estaba ahora en su tercer rey, Tulio Hostilio. Fidenas y Veyes rompieron los tratados que firmaron con Roma construyendo fortificaciones militares e invadiendo el

---

[14] Livio, *Ab urbe condita*.

territorio romano una vez más. Los romanos derrotaron a las dos ciudades-estado una vez más y tomaron aún más territorio. Una vez más, en el siglo VI a. C., Roma atacó a Veyes y al resto de los asentamientos etruscos. Livio escribió poco sobre esta guerra excepto que el rey romano de entonces, Servio Tulio, derrotó a un impresionante ejército etrusco que consolidó su posición como gobernante. Se desarrollaron más tratados de paz, y el sucesor de Servio, Tarquinio el Soberbio, renovaría los documentos más tarde.

En el 509 a. C., los aristócratas romanos derrocaron a la monarquía romana y la reemplazaron por la República romana. La república eligió a los primeros cónsules, y el rey romano depuesto, Tarquino, consiguió el apoyo de las ciudades-estado etruscas de Veyes y Tarquinii. El rey, que a su vez era descendiente de los etruscos, lideró las fuerzas de ambos asentamientos en la batalla. Los etruscos una vez más perdieron contra Roma en la batalla de Silva Arsia. Más tarde ese mismo año, la nueva República romana atacaría a Veyes una vez más en una nueva disputa. Se desconocen las razones exactas del ataque. Esta disputa terminó varios meses después, pero la insatisfactoria conclusión generaría más conflictos menos de medio año después.

En el 508 a. C., surgió otro conflicto, esta vez entre la ciudad etrusca de Clusium y Roma. El rey romano depuesto había ido a Clusium para conseguir apoyo, y la gente de la ciudad-estado accedió a ayudarle. Marcharon sobre Roma como uno de los ejércitos etruscos más poderosos que jamás haya existido. Temiendo que la población de Roma desertara y se uniera al enemigo, el Senado romano implementó una serie de decretos a corto plazo, incluyendo la concesión a las clases bajas del estatus de exención de impuestos y vales para la sal más cara. Cuando la fuerza de Clusium atacó a Roma, la población se había vuelto contra los invasores, y Roma volvió a salir victoriosa. El rey de Clusium, Lars Porsena, intentó establecer un bloqueo y asediar la ciudad a continuación. Sin embargo, los romanos atraparon a las fuerzas clusianas estableciendo el perímetro del bloqueo, terminando así con la medida. A pesar de esto, el asedio continuó según lo planeado. Durante el conflicto que siguió, un joven romano intentó asesinar a Porsena, pero fue capturado. Según Livio, impresionó a Porsena anunciando su nombre y metiendo la mano en el fuego para demostrar su lealtad a Roma, y Porsena lo dejó libre por su valentía. En algún momento, los romanos y los etruscos acordaron una tregua.

Alrededor del 507 a. C., Porsena envió embajadores al Senado romano para pedir que Tarquino fuera restaurado en el trono. Cuando se negaron, Porsena le pidió a Tarquino que dejara Clusium para siempre. Luego devolvió los rehenes capturados a Roma a cambio de parte del territorio que había sido tomado de la ciudad-estado de Veyes. Los autores romanos que discuten el asedio y la guerra creen que los eventos son verdaderos, pero también están convencidos de que otras secciones son completamente míticas, especialmente la historia de Porsena y el asesino que metió su mano en el fuego.

Los siguientes conflictos entre los etruscos y Roma ocurrieron entre el 505 y el 476 a. C. El principal agresor etrusco fue la ciudad-estado de Veyes, uno de los asentamientos etruscos más poderosos. En ambos casos, los etruscos se aliaron con varios de los pueblos itálicos que también intentaban resistir la expansión romana. Debido al rápido avance de su tecnología militar, el aumento de la población y la cultura agresiva, los romanos ganaron tanto las guerras contra los etruscos y los sabinos en 505 y 504 a. C. como la guerra de Fabián entre 483 y 476 a. C. Según Livio, los etruscos se unieron a tantos conflictos para intentar romper el creciente poder de Roma y con frecuencia se aprovecharon de la tensión política romana. Esto dio lugar a que ciudades-estado como Veyes se unieran a menudo a grupos aleatorios con la esperanza de obtener incluso un mínimo de ventaja sobre sus vecinos. Desafortunadamente, nunca resultó.

Entre el 475 y el 474 a. C., Veyes participó en la Alianza Veyes-Sabino. Este fue otro conflicto cuando los Veyentes se unieron a los Sabinos y reanudaron las hostilidades contra Roma. Veyes perdió una vez más y perdió aún más territorio. Las únicas otras acciones registradas entre las diversas facciones son las batallas entre Roma y las ciudades-estado etruscas de Sutrium, Nepete y Tarquinii entre el 389 a. C. y el 386 a. C.

Relaciones etrusco-romanas entre el 400 y el 360 a. C.

En 390 a. C., los galos volvieron a atacar a los romanos, tras haber saqueado por primera vez la ciudad de Roma en el siglo VI a. C., y lograron derrotarlos en la batalla de la Alia. Los galos saquearon Roma, arrasaron la ciudad, capturaron esclavos y se llevaron su oro, comida y otros recursos que se encontraban en los almacenes locales. En el 389 a. C., los etruscos intentaron aprovecharse de la debilidad temporal de Roma. Dos de sus ciudades-estado levantaron ejércitos, y los etruscos se aliaron con dos pueblos llamados los volscos y los ecuos. Todos marcharon sobre Roma, haciendo que la ciudad nombrara dictador a Marco Furio Camilo. Este dictador marchó sobre los otros itálicos primero antes de dirigir su atención a los etruscos.

Los etruscos se desmoronaron bajo las fuerzas romanas a pesar de haber logrado conquistar la ciudad principal de Sutrium, uno de los aliados de Roma. En una serie de tres guerras separadas, todas ellas mantenidas, los etruscos volvieron a perder gran parte de su territorio y su punto de apoyo en el norte de Italia. Roma tomó a muchos de los etruscos como rehenes y los subastó como esclavos hasta que los etruscos pagaron reparaciones a los romanos por los daños causados durante la guerra.

En el año 387 a. C., los etruscos volvieron a reunir fuerzas militares para intentar detener la expansión romana. Los romanos, al enterarse de esta información, llamaron a sus aliados y rechazaron a los etruscos cuando trataron de atacar varios asentamientos y fuerzas fronterizas. Unas miríadas de ciudades etruscas hicieron lo mejor que pudieron, pero las pérdidas fueron demasiado grandes. Varias de las ciudades del sur de Etruria se perdieron, y Roma ganó nuevas guarniciones y comenzó a reforzar sus fronteras, preparándose para el conflicto con Tarquinii, una de las últimas ciudades etruscas poderosas de la región.

Relaciones etrusco-romanas entre el 360 y el 350 a. C.

En el 358 a. C., Tarquinii envió una fuerza para asaltar los asentamientos fronterizos romanos y traer de vuelta recursos como alimentos, oro y esclavos. Un hombre llamado Cayo Fabio Ambusto fue asignado para manejar la situación, pero fue derrotado, resultando en el sacrificio de 307 prisioneros de guerra en manos de los etruscos. Al año siguiente, Roma decidió declarar la guerra a otra ciudad-estado etrusca, y ese asentamiento se alió con Tarquinii para intentar detener el asalto y el saqueo. La guerra fue de ida y vuelta durante cinco o seis años, resultando en un aumento de las tensiones.

En el año 352 a. C., los romanos creían que la Liga Etrusca, esa alianza de doce ciudades-estado principales, estaba tramando una severa acción contra la ciudad de Roma. En respuesta, la República romana decidió nombrar un dictador. En la cultura política romana, los políticos podían elegir a un gobernante que tuviera el máximo poder durante un año en un momento de crisis. Temiendo por la seguridad de su ciudad, la república nombró a Cayo Julio Julo como dictador. Después de dos años de batalla, los territorios de Roma, Tarquinii, y otra ciudad-estado etrusca cuyo nombre se desconoce fueron completamente devastados. Eventualmente, los etruscos pidieron una tregua. Los romanos, también cansados del combate, decidieron dar a cada una de las ciudades-estado etruscas un período de paz de cuarenta años para recuperarse de los daños.

Dado que muchos de estos eventos fueron registrados por los historiadores romanos, los estudiosos modernos discuten la autenticidad de varios hechos. En primer lugar, los romanos escriben con frecuencia que la agresión etrusca fue la causa de las guerras, pero la propia Roma era conocida por tener una política agresiva de expansión. También es difícil determinar la exactitud de los relatos romanos, ya que sus historiadores frecuentemente tergiversan los hechos para hacerse ver mejor, como lo han hecho la mayoría de las civilizaciones de la historia. También surgen otros problemas con sus explicaciones, especialmente relacionados con las víctimas de los conflictos. Algunos romanos afirman que más de 8.000 etruscos fueron asesinados en una sola batalla debido a su incompetencia, pero la población etrusca de las ciudades-estado no habría sido lo suficientemente grande como para apoyar un ejército de este tipo.

De cualquier manera, la relación etrusco-romana entre el 360 a. C. y el 350 a. C. no era buena. Las guerras frecuentes eran comunes, y los etruscos siempre estaban del lado perdedor de estas interacciones. Gran parte del territorio etrusco había desaparecido y ahora estaba en manos de los romanos, incluyendo gran parte de sus tierras agrícolas y rutas comerciales. No ayudó el hecho de que la población también estaba disminuyendo por las muertes en batalla y el hambre.

Las batallas del lago Vadimo

Las batallas del lago Vadimo, situadas a lo largo del río Tíber, fueron los conflictos que finalmente rompieron la resistencia etrusca contra Roma. La primera tuvo lugar en el 310 a. C. y sería la mayor batalla de la historia entre las dos civilizaciones. Comenzó cuando los etruscos atacaron la ciudad romana de Sutrium e intentaron causar estragos una vez más en los alrededores. En respuesta, los romanos se encontraron con las tropas etruscas e intentaron romper el asedio. A pesar de algunas victorias, los romanos inicialmente no tuvieron éxito. Un cónsul llamado Quinto Fabio Máximo Ruliano comenzó entonces a asaltar el corazón de los etruscos, causando destrucción y devastación. Como resultado, las ciudades-estado etruscas demandaron la paz una vez más.

Las tres ciudades-estado etruscas de Arretium, Cortona y Perusa recibieron un tratado que garantizaba una tregua de treinta años, pero muchas de las ciudades-estado restantes permanecieron hostiles y se negaron a ceder a la presión romana. Trabajaron juntos para asegurar las fuerzas necesarias para un ejército masivo y se reunieron con los romanos en el lago Vadimo. Este estrecho campo de batalla hizo difícil para los romanos luchar en su estilo habitual de varios batallones espaciados, lo que dio a los etruscos una breve ventaja. Ambos bandos agotaron sus recursos y fuerzas, enviando muchos soldados a morir. Después de una larga y sangrienta lucha, los etruscos se vieron obligados a huir de la caballería de reserva romana. Una campaña posterior de los romanos durante el año siguiente dio lugar a que todas las ciudades etruscas demandaran la paz. Los etruscos perdieron muchas de sus mejores tropas, territorios y recursos en la primera batalla del lago Vadimo, y nunca más volverían a su gloria anterior. Se podría argumentar que su destino contra los romanos se sellaría en el mismo campo de batalla en el año 283 a. C., cuando se libró la segunda batalla del lago **Vadimo**.

Durante la segunda batalla del lago Vadimo, los etruscos se aliaron con varias tribus galas llamadas los boyos y los senones. Marcharon contra Roma y fueron recibidos por una fuerza masiva encabezada por el cónsul Publio Cornelio Dolabela. Los romanos ganaron, y los etruscos se vieron obligados a consentir muchas de sus tierras y recursos como castigo. Desafortunadamente para los estudiantes contemporáneos, queda poca información sobre esta batalla. Livio, que cubrió gran parte de la historia romana, escribió numerosos libros, pero los libros que contienen la historia de la segunda batalla del lago Vadimo no han sido descubiertos y se cree que han sido destruidos. Los historiadores deben contentarse con un texto de Polibio, que deja fuera muchos detalles y es más propenso a la exageración y a la incorporación de la mitología. La versión de los hechos de Polibio es la siguiente.

La segunda batalla del lago Vadimo comenzó cuando un grupo de galos asedió la ciudad de Arretium. Los romanos enviaron ayuda y fueron derrotados, resultando en la muerte de su líder. Esto ocurrió alrededor del 283 a. C. Cuando los romanos enviaron enviados para negociar el regreso de los rehenes de los galos, los enviados fueron sumariamente masacrados. En represalia, los romanos marcharon sobre la Galia y se encontraron con una tribu llamada los senones. Los senones, que habitaban una sección del norte de Italia, fueron derrotados y enviados a empacar lo que permitió a Roma fundar la colonia de Senigallia.[15]

Según Polibio, "en este momento los boyos, al ver a los senones expulsados de su territorio, y temiendo un destino similar para ellos y su propia tierra, imploraron la ayuda de los etruscos y marcharon con toda la fuerza".[16] Juntos, los senones y los etruscos marcharon sobre Roma, pero fueron derribados por el ejército romano, en cuyo momento enviaron una embajada para pedir la paz. La historia es continuada por otro historiador, el griego Apiano de Alejandría. Él poseía la ciudadanía romana y publicó varios volúmenes sobre la historia de los romanos, así como de varias de las civilizaciones a lo largo del Mediterráneo.

Apiano discutió las guerras entre los romanos y los galos en la península italiana, así como la conquista de Julio César del territorio galo que tuvo lugar en una serie de tres guerras. Desafortunadamente, gran parte de los escritos de Apiano solo sobrevivieron en fragmentos que no explican mucho sobre la serie de eventos entre los romanos y los galos. En su relato de la segunda batalla del lago Vadimo en 283 a. C., reitera el relato de Polibio que afirma que los etruscos y los galos se aliaron entre sí para intentar dominar a los romanos. Aunque sus obras no mencionan el lugar exacto de la batalla o el resultado final, afirma que los embajadores romanos se reunieron finalmente con los etruscos por la paz. En los relatos de Polibio y Apiano, está claro que los etruscos fracasaron en su segundo intento de detener la expansión de los romanos. Múltiples ciudades-estado perdieron su territorio y sus tierras de cultivo, así como el acceso independiente a las rutas comerciales con otras civilizaciones como Grecia.

---

[15] Polibio, *Las historias*, 2.19.7-13.

[16] Polibio, *Las historias*, 2.20.1-5.

Después de la segunda batalla del lago Vadimo, la resistencia etrusca estaba casi terminada. La mayoría de las ciudades-estado ya no eran independientes y se vieron obligadas a doblegarse ante los romanos mediante el pago de tributos y la desmilitarización. Finalmente, solo dos ciudades mantuvieron su independencia a finales del año 280 a. C.: Vulci y Velusna.

La conclusión de las guerras

El penúltimo reducto de los etruscos fue la ciudad estado de Vulci. Vulci era uno de los asentamientos más ricos y descansaba en el extremo norte de Etruria. Era una ciudad costera con fuertes redes comerciales que le permitían llenar sus arcas con dinero, tesoros y obras de arte de muchos otros estados, incluyendo Grecia y Cartago. Fueron uno de los doce miembros de la Liga Etrusca. Se las arreglaría para resistir hasta el 280 a. C. cuando fue asediada y tomada por Tiberio Coruncanio. La última resistencia fue Velusna, una ciudad-estado sobre la que se sabe poco. Los historiadores debaten su posición exacta en la península, pero la mayoría está de acuerdo en que era probable que estuviera en la región de Umbría. Tras siglos de guerra y conquista, los etruscos finalmente fueron derrotados en el año 264 a. C. cuando la resistencia final en Velusna fue aplastada.

Los etruscos, como pueblo y como cultura, no terminaron tan rápido, pero perdieron toda autonomía política. Los etruscos eran ahora uno de los muchos pueblos itálicos bajo el dominio de Roma, que siempre estaba expandiendo su esfera de influencia y territorio. Mientras estaban bajo la influencia romana, los etruscos se vieron obligados a pagar impuestos primero a la república y luego al imperio tras la Guerra Social y la caída de la república. Antes de estos acontecimientos, algunos etruscos lograron obtener la ciudadanía romana para sí mismos e incluso obtuvieron cierto nivel de poder, pero era poco lo que Etruria podía hacer de forma independiente. Esta situación continuó así durante siglos, hasta que decidió contraatacar a través de la guerra social.

La guerra social duró desde aproximadamente el 91 a. C. hasta el 89 a. C. y fue la rebelión de los diversos pueblos itálicos subyugados por los romanos. Los historiadores están desconcertados sobre cuáles eran los objetivos de los itálicos durante la guerra social. Algunos argumentan que querían la ciudadanía romana que habría dado derecho a sus aristócratas a participar en el gobierno y a los soldados y otros a recibir potencialmente otras concesiones de tierras. Otros creían que querían que Roma dejara de dar grandes extensiones de territorio a los romanos nativos, lo que estaba privando a los itálicos de sus propias tierras y medios de vida. Otros creen que los italianos querían la plena independencia, lo que no iba a suceder. La mayoría está de acuerdo en que la ciudadanía era el objetivo más probable, ya que resolvería el segundo problema y también aseguraría que los itálicos pudieran recibir una porción de la riqueza romana a medida que la república continuara expandiéndose.[17]

Aunque la Guerra Social tuvo algunos éxitos iniciales y se concedió la ciudadanía a algunas secciones de los itálicos, estos últimos finalmente salieron del lado equivocado del conflicto. Ganaron aproximadamente 50 años de paz y un poco de autonomía, pero fueron constantemente arrastrados a las complejidades de la política romana. Etruria, a pesar de tener algunas victorias, perdería la cultura que una vez poseyó al ser asimilada cada vez más a Roma. Roma, por su parte, conservaría algunos aspectos de la cultura etrusca y los difundiría por todo su territorio, pero el siglo I a. C. fue el momento en que sonó la última campana de Etruria.

---

[17] Christopher J. Dart, *La guerra social, del 91 al 88 a. C: Una historia de la insurgencia italiana contra la República romana*, Londres: Publicaciones Routledge, Inc., 2014.

Capítulo 6 - Mitología y religión

La religión etrusca comprendía un conglomerado de las prácticas y creencias religiosas de la cultura Villanoviana de la Edad de Hierro precedente y de los griegos y fenicios cercanos. La religión etrusca compartiría además similitudes con la mitología romana que se desarrolló simultáneamente y que también se tomó prestada en gran medida de los antiguos griegos. Con el tiempo, a medida que los etruscos se fueron asimilando a la República romana a finales del siglo IV a. C., su mitología pasó a formar parte de la cultura romana clásica, ya que los romanos tendían a absorber las costumbres locales y las deidades de los pueblos que conquistaban.

    Los etruscos poseían un sistema de creencias llamado politeísmo inmanente. El politeísmo se refiere a la práctica de creer y adorar a más de un dios, mientras que la parte inmanente significa que se pensaba que los fenómenos visibles eran las manifestaciones del poder divino. Por ejemplo, el trueno y el rayo eran el dominio de un dios y causados directamente por esa deidad mientras que el crecimiento de las cosechas podía ser obra de otro. Los etruscos creían además que sus deidades podían influir en los asuntos humanos y en la gente y que podían ser persuadidas, enfadadas, disuadidas o complacidas por las acciones de los mortales. Esta capacidad de influir potencialmente en los dioses explica muchos de los rituales y supersticiones etruscas, ya que complacer a las deidades para convencerlas de que les concedan favores era una parte central de su cultura. Después de todo, una deidad enfadada podía causar guerras, conflictos, hambrunas, enfermedades y muerte.

Como de costumbre, los romanos tenían algo que decir sobre la religión etrusca. Livio los describió como el más religioso de los hombres, una cultura y sociedad basada en el culto firme y el control teocrático con una serie de sacerdotes eruditos responsables del bienestar de la población. Otros, como Séneca el Joven, un filósofo romano estoico, escribió en un momento dado que la diferencia entre los romanos y los etruscos era simple:

Mientras que nosotros creemos que los relámpagos son liberados como resultado de la colisión de las nubes, ellos creen que las nubes colisionan para liberar los relámpagos: ya que atribuyen todo a la deidad, se les hace creer no que las cosas tienen un significado en la medida en que ocurren, sino que ocurren porque deben tener un significado.[18]

Aquí, Séneca el Joven hace referencia a una parte crucial de la mitología etrusca, que era que todo ocurría por una razón. Nada en el mundo natural carecía de sentido, y todo era obra de los dioses. Cuando llegaba una tormenta, poseía un significado que debía ser interpretado por las autoridades competentes. Si los cultivos no crecían, entonces una deidad estaba disgustada y necesitaba ser pacificada a través de rituales. Además, esta lógica no se extendía solo a los grandes eventos, sino también a las minucias de la vida cotidiana. El viento sopla con un propósito y no solo porque una ligera brisa provenga del mar Mediterráneo.

Sin embargo, las interpretaciones romanas de la religión etrusca deben ser deben ser tomadas con cautela porque las dos culturas poseían sistemas de culto similares, aunque dispares y principios y creencias generales. Según las fuentes romanas, los etruscos estaban

---

[18] Séneca el Joven. "II.32.2". *Cuestiones naturales.*

plagados de un fatalismo sombrío y malhumorado debido a su creencia en un panteón poderoso e inquebrantable cuyas acciones no podían detenerse. La sumisión era necesaria porque las decisiones de las deidades eran irrevocables e irreversibles. El problema es que esta interpretación no coincide con las pruebas descubiertas por las fuentes arqueológicas que parecen indicar que había menos un sistema de fatalismo y más una ideología realista que entendía que la muerte era inevitable y se centraba en el bienestar percibido de uno en el más allá. Este enfoque a menudo aparecía en las prácticas y el arte funerario y de entierro.

Deidades, espíritus y criaturas mitológicas - organización

El arte etrusco indica la presencia de tres capas separadas de deidades que poseían diferentes niveles de poder e importancia. La capa de dioses menores era la de origen indígena que podría haber sido adoptada y adaptada de los villanovianos y otros itálicos precedentes. Otros eran muy probablemente divinidades relacionadas con pequeños asentamientos y líneas ancestrales que se incorporaron a la sociedad etrusca más amplia. Algunas de las deidades conocidas en esta capa eran Catha y Usil, los dos dioses del sol; Tivr, la luna; Selyans, una especie de dios relacionado con los asuntos civiles; Turán, la diosa del amor; Laran, el dios de la guerra; Leinth, la diosa de la muerte; y las no identificadas Maris, Thalna, Turms y Fufluns. Fufluns guarda alguna conexión desconocida con la ciudad de Populonia y la población romana, pero los historiadores no han podido identificar características lingüísticas específicas que proporcionarían más información. Se creía que algunas de las muchas deidades eran esenciales para la adivinación de los signos o responsables de controlar regiones específicas del cielo. El cielo mismo estaba dividido en dieciséis secciones separadas, cada una de ellas controlada por un dios o diosa diferente.[19]

---

[19] Macnamara, *La vida cotidiana de los etruscos,* pág. 154.

La siguiente capa consistía en deidades superiores que los eruditos creen que fueron adoptadas de los principales dioses del sistema cultural indoeuropeo. Estas deidades se pueden encontrar en múltiples sociedades con una base cultural indoeuropea con algunos ligeros cambios de nombre debido a la lingüística. Algunos ejemplos de otros suscriptores de esta mitología indoeuropea fueron los hititas, griegos, eslavos, bálticos y celtas. Pueblos como los romanos son considerados protoindoeuropeos, parte de las sociedades y culturas que adoptaron y luego cambiaron la mitología tradicional indoeuropea.

Como adherentes a algunos elementos de la mitología indoeuropea, los etruscos poseían una capa de deidades que consistía en el panteón estándar. Entre las deidades de este grupo están Tin o Tinia, el cielo; Uni o Juno, la esposa del cielo y diosa madre; y Cel, la diosa de la tierra. Estas fueron las deidades celestiales y los fundadores del universo conocido y la humanidad. El dios principal era siempre el dios del cielo mientras que la diosa del amanecer era típicamente su esposa con alguna variación. El papel de la diosa de la tierra variaba según la cultura, pero normalmente era la madre o la esposa del cielo. En algunos casos, era su hija. Los etruscos no se adhirieron a la mitología indoeuropea tan estrechamente como otros. Para ellos, Tinia era el dios del rayo asociado con el cielo. Los estudiantes de la mitología clásica griega y romana podrían hacer algunas comparaciones con Zeus aquí.

Por último, los etruscos adoptaron varios de los dioses griegos durante el período de orientación etrusca mencionado anteriormente. Tales dioses fueron mezclados en cada una de las capas religiosas etruscas, pero el más importante terminó en la tercera. Entre ellos estaban Aritimi (Artemisa o Diana), Menrva (Minerva o Atenea) y Pacha (Baco o Dionisio). A lo largo de los siglos, los etruscos comenzaron a mezclar las tres capas distintas de deidades, dando como resultado la todopoderosa trinidad de Tinia, Uni y Menrva.

Estos dioses principales fueron objeto de mucho arte religioso, especialmente de formas y pinturas de terracota.

En el lenguaje etrusco, un dios o diosa se llamaba *ais*, que más tarde se transformaría en eis. La forma plural era *aisar*. Cada dominio u hogar de una deidad era conocido como *fanu* o *luth*, un lugar sagrado con significado religioso. Muchas de las moradas de las deidades eran en realidad tumbas o templos donde los fieles podían ir a adorar. En estas moradas, se requería que los fieles hicieran una *fler*, o múltiples *flerchva,* ofrendas. Las ofrendas solían ser bienes consumibles como carne asada, el sacrificio de un animal, vino, o a veces aceite de oliva. Se podían hacer ofrendas específicas para favores o peticiones, y algunos rituales se llevaban a cabo en momentos específicos del año para garantizar ciertos eventos como una cosecha exitosa o el paso seguro de un barco.

Los primeros etruscos no asignaban formas físicas a sus deidades y evitaban antropomorfizar su existencia. Los dioses y las diosas no parecían existir en ninguna forma humana, sino que eran más bien fenómenos naturales como rayos y truenos en el cielo. Las complejas relaciones y emociones que muchas civilizaciones politeístas asociaban a sus deidades no parecían desarrollarse hasta mucho más tarde, potencialmente durante la orientación etrusca. Los arqueólogos e historiadores creen que los griegos tuvieron una mano dura para instigar tales cambios. De los griegos, los etruscos tomaron las prácticas de antropomorfismo, así como la parafernalia de sacrificio y la representación artística, lo que dio lugar a deidades más distintivas y afines y a un mayor culto al sacrificio en los lugares religiosos.[20]

Había una categoría de espíritus con la que el etrusco medio estaría familiarizado. Estos eran el *hombre* o *mani*, las almas de los antepasados fallecidos que permanecían alrededor de sus *mun* o *muni*, las tumbas en las que eran enterrados. El público contemporáneo podría considerarlos similares a los fantasmas que

---

[20] Smith, *Los etruscos*, pág. 88.

frecuentan su lugar de descanso. Alrededor del siglo V a. C., la iconografía de las tumbas y necrópolis comenzó a mostrar las almas de los fallecidos dirigiéndose al inframundo en algún lugar debajo del mundo que habitaban los humanos vivos.[21] El mejor ejemplo del arte etrusco se encuentra en la tumba de Francisco en Vulci. Estos espíritus son conocidos como *hinthial*, o "el que está debajo".

Adivinación

Los etruscos se destacaron entre sus vecinos por su énfasis en la adivinación, la práctica de leer los signos de los dioses para entender el pasado, el presente y el futuro. La adivinación podía llevarse a cabo en múltiples escalas, con algunas figuras hábiles capaces de adivinar la voluntad de las deidades para el futuro de una ciudad-estado, mientras que otras se centraban más en los asuntos personales de los individuos. En la religión etrusca, había dos videntes famosos que les habían mostrado su religión y la práctica de la adivinación. Estos eran Tages, una figura joven e infantil que había surgido de un campo labrado con presciencia, y Vegoia, una mujer de la que se sabe poco.[22]

Tages era un sabio que tomó la forma de un joven que apareció en un campo recién arado. Enseñó a los etruscos el arte de la adivinación, y algunas fuentes etruscas afirman que podría haber sido el nieto de Júpiter. Cicerón describe el mito de su aparición de esta manera:

Nos cuentan que un día mientras se araba la tierra en el territorio de Tarquinii, y se hacía un surco más profundo de lo habitual, de repente el Tages salió de él y se dirigió al arador. El Tages, como está registrado en los trabajos de los etruscos (Libri Etruscorum), poseía el rostro de un niño, pero la prudencia de un sabio. Cuando el arador se sorprendió al verlo, y en su asombro hizo un gran alboroto, un

---

[21] Krauskopf, I. 2006. "La tumba y más allá". *La religión de los etruscos*. Editado por N. de Grummond y E. Simon. Austin: Prensa de la Universidad de Texas. págs. 73 a 75.

[22] Macnamara, *La vida cotidiana de los etruscos,* pág. 153.

número de personas se reunieron en torno a él, y en poco tiempo todos los etruscos se reunieron en el lugar. Tages entonces discutía en presencia de una inmensa multitud, que tomaba nota de su discurso y lo escribía. La información que obtuvieron de este Tages fue el fundamento de la ciencia de los adivinos (haruspicinae disciplina), y fue posteriormente mejorada por la adhesión de muchos nuevos hechos, todos los cuales confirmaron los mismos principios. Recibimos este registro de ellos. Este registro se conserva en sus libros sagrados, y de él se deduce la disciplina augurial.[23]

Esta versión de la leyenda de la aparición del Tages parece haberse basado en cuentos populares y documentos religiosos etruscos, lo que le da cierta credibilidad. Con el tiempo, las supuestas enseñanzas de Tages se convertirían en uno de los elementos más significativos de la sociedad etrusca, controlando cada acción que los individuos realizaban.

La adivinación, después de todo, era una parte esencial de la vida cotidiana. La sociedad etrusca se construyó sobre una base de creencias religiosas, con las deidades y sus portentos revelando la acción adecuada en el presente y los resultados potenciales para el futuro. No se tomaba ninguna decisión importante sin que las figuras de autoridad apropiadas consultaran a un vidente o a alguien capaz de adivinar la voluntad de los dioses. Esto condujo a una poderosa clase de sacerdotes y otros sirvientes religiosos.

Parece haber habido alguna forma de escritura religiosa, pero se desconoce la retórica exacta. Escritores romanos como Valerio Máximo y Marco Tulio Cicerón se refieren a un corpus llamado la *Disciplina Etrusca*, una supuesta escritura que reveló las cuestiones candentes de la religión etrusca. Según las fuentes, el corpus no se centraba en las profecías o en las historias y lecciones tradicionales que uno podría asociar con las escrituras. En su lugar, se concentró en determinar la voluntad de los dioses y una pregunta importante: Si los

---

[23] Marco Tulio Cicerón, "II.50-51", *sobre la adivinación*.

dioses crearon el universo y la humanidad y tenían un plan para su creación, ¿por qué no había un sistema claro de comunicación para asegurar que ese plan se llevara a cabo correctamente? Los etruscos aceptaron los inescrutables motivos y voluntades de sus deidades y no intentaron formar doctrinas para explicar la intención de los dioses. En su lugar, desarrollaron su elaborado sistema de interpretación. Ignorar los signos era abrazar la herejía y la muerte, y era importante interpretar la voluntad de los dioses incluso si los presagios eran desagradables. Existe la especulación de que los etruscos dejaron de luchar contra Roma porque los presagios revelaban que iban a ser asimilados de todas formas, pero las fuentes de esta idea son romanas y contienen un sesgo inherente.

Se han encontrado algunos restos de este sistema y se han adaptado en los resúmenes de Massimo Pallottino, quien se comprometió a redactar una versión corta de múltiples escrituras relacionadas con la adivinación. El primero fue el *Libri Haruspicini* que explicaba las teorías y las reglas detrás de la adivinación de las entrañas de los animales. La siguiente fue la *Libri Fulgurales*, que describía cómo adivinar los relámpagos que caen en los muchos dominios del cielo. La tercera fue la *Libri Rituales*, un documento del que poco parece haber sobrevivido. Luego vino la *Libri Fatales*, un documento que detallaba el método correcto de fundar y construir ciudades y santuarios, drenar campos de cultivo, desarrollar leyes y ordenanzas dentro del territorio etrusco, y la forma adecuada de medir el espacio y dividir el tiempo en unidades comprensibles.[24] El quinto texto fue el *Libri Acherontici* o el texto que explicaba la vida después de la muerte y la forma adecuada de los entierros. Finalmente, estaba el *Libri Ostentaria* que explicaba cómo interpretar los prodigios. Las revelaciones del Tages se pueden encontrar en el

---

[24] Esto puede sonar extremo, pero recuerde que numerosas civilizaciones a lo largo del tiempo recurrieron a la religión para crear un calendario comprensible, y que el moderno calendario gregoriano utilizado en todo el mundo occidental se basa en la religión cristiana, siendo el primer año el año siguiente a la crucifixión de Cristo.

Libri Tagetici, así como en el *Libri Haruspicini* y el *Acherontici*. Las revelaciones de la profetisa Vegoia existen en el *Libri Vegoici*, el *Libri Fulgurales* y el *Libri Rituales*.[25]

Un corpus importante para los etruscos era la *Disciplina Etrusca*, que era un conjunto de reglas que explicaban la conducta adecuada para todas las formas de adivinación. Este amplio conjunto de directrices ha sido llamado una constitución religiosa y política para los etruscos. Si bien no dicta leyes o ética, dice la manera apropiada para que los humanos hagan preguntas y reciban respuestas para las deidades de arriba.

Aunque algunos vecinos de los etruscos los respetaban por su devoción, otros se burlaban de su fe y de su dependencia casi paralizante de la adivinación. Los romanos, en particular, parecían especialmente despreciativos, ya que su estructura religiosa era más práctica y política en naturaleza, como se podía ver con su proceso de deificación de emperadores en siglos posteriores. Una burla particular vino del famoso Cicerón que escribió:

Porque la aceptación apresurada de una opinión errónea es desacreditada, en cualquier caso, y especialmente en una investigación sobre el peso que debe darse a los auspicios, a los ritos sagrados y a las observancias religiosas; pues corremos el riesgo de cometer un crimen contra los dioses si los ignoramos, o de involucrarnos en la superstición de las ancianas si las aprobamos.

Luego bromeó, con respecto a la adivinación del canto de las ranas: "¿Quién podría suponer que las ranas tuvieran esta previsión? Y, sin embargo, tienen por naturaleza una facultad de premonición, lo suficientemente clara de sí misma, pero demasiado oscura para la comprensión humana".[26]

---

[25] Pallottino, M. (1975). Ridgway, David, editor. *Los etruscos*. Traducido por Cremina, J. (Ed. revisada y ampliada). Bloomington & London: Prensa de la Universidad de Indiana, pág. 154.

[26] De Divinatione, sección 4.

El Sacerdocio

Los miembros del sacerdocio eran responsables de todas las investigaciones adivinatorias, así como de muchos de los rituales y ritos relacionados con los templos. Los romanos poseían múltiples palabras para tales figuras, incluyendo los arúspices o sacerdotes. Los etruscos usaban varios términos diferentes en varias descripciones, incluyendo *capen, maru, eisnev, y hatrencu*, que son todos términos para una sacerdotisa. También había una categoría separada para el arte religioso que se asociaba con los auspicios llamada Arúspice. La mayoría de las fuentes modernas utilizan el término romano para ser conciso. Se rumoreaba que la gran ciudad de Tarquinii tenía un colegio de no menos de sesenta arúspices, tanto hombres como mujeres.[27] En siglos posteriores, las mujeres serían expulsadas de los roles religiosos a medida que su estatus en la sociedad etrusca se tornaba inferior al de sus contrapartes masculinas. Los miembros del sacerdocio eran casi siempre élites que habían sido entrenadas en el arte de la adivinación desde una edad temprana.

A pesar de la existencia de una clase específica de sacerdotes, se esperaba que cada individuo de la sociedad tuviera ciertas responsabilidades religiosas expresadas en un *alumnathe* o en los *slecaches*, lo que significaba una sociedad sagrada. Todos los eventos públicos debían realizarse con un *netsyis* o *nethsra*, un individuo masculino o femenino responsable de leer los bultos del hígado de una oveja sacrificada. Un magistrado llamado el *cechase* también sería elegido para cuidar de los objetos sagrados. Entre los etruscos, el hígado era el órgano interno más significativo, un rasgo similar al de los babilonios, otra cultura de la mitología indoeuropea. Uno de los artefactos más desconcertantes de la herencia etrusca es un modelo de bronce de un hígado. Debido a que los estudiosos no pueden leer lo que está escrito en él, nadie sabe el verdadero propósito del artefacto. Algunos especulan que es un modelo médico, mientras que

---

[27] Pallottino, *Los etruscos*, pág. 154.

otros piensan que los etruscos, como los babilonios, podrían haber considerado el hígado como el centro del cuerpo y le asignaron más importancia que a los otros órganos.

El hígado de Piacenza

La vida después de la muerte y las tradiciones funerarias

La vida después de la muerte era fundamental para la creencia etrusca y era un conglomerado de numerosas influencias de los alrededores. Había varias creencias ampliamente mediterráneas, incluida la idea de que la prosperidad de un alma en la vida después de la muerte estaba muy relacionada con el tratamiento de los restos de un individuo fallecido. Las tumbas etruscas eran similares a las estructuras domésticas, pero estaban hechas de materiales más duraderos como la piedra o estaban cortadas en robustas superficies rocosas. Esas tumbas tendían a ser espaciosas y podían albergar entierros múltiples, pero a menudo se reservaban para las élites y sus familias que podían permitirse ese tratamiento. Las pinturas se añadían a las paredes y a menudo representaban escenas fastuosas y potencialmente el ser querido en cuestión. Se añadían a las tumbas muebles y otros bienes funerarios, y los etruscos parecían creer que los fallecidos podían llevarse sus posesiones a la otra vida. Para los ricos, el sarcófago de un individuo estaba diseñado para parecerse al difunto en la flor de la vida y también podía llevar la imagen de su cónyuge. En otros casos, el difunto podía ser colocado en un banco de piedra que llevaba un reposacabezas relacionado con su género. No todo el mundo podía permitirse un sarcófago, y muchos individuos pobres eran enviados al más allá a través de una mezcla de inhumación y cremación. Estas cenizas y huesos se colocaban en una urna que representaba al difunto, y la urna a menudo se enterraba o se guardaba en una tumba comunitaria para su custodia.

Tumba etrusca de piedra cortada

Los primeros etruscos practicaban la cremación más que la inhumación, pero la inhumación en sí se hizo popular durante la orientación etrusca. Muchas prácticas de entierro también se basaban en prácticas locales y en el medio ambiente. Los territorios del norte, por ejemplo, favorecieron la cremación mucho después de que el sur abrazara la inhumación. Las cenizas y los huesos se almacenaban en urnas de cerámica hechas a mano y a veces en metal para los individuos más ricos. Dependiendo del estatus de la persona, también podían tener una urna tallada o de alabastro como la que se encontró en Volterra al norte. Para la élite, no era raro que las cenizas y los huesos se colocaran en un sarcófago de tamaño natural. Todos los fallecidos eran colocados en tumbas, y ninguno era enterrado o dejado al descubierto, ya que esto podía significar dificultad para llegar a la otra vida.

Las urnas funerarias etruscas con forma de cabaña

Mientras que los primeros etruscos creían que los espíritus de los difuntos permanecían alrededor de sus tumbas, la religión se desarrolló de manera que se creía que había una trasmigración a un mundo más allá para el alma. La vida después de la muerte fue modelada según Hades, la vida después de la muerte griega en lugar de la deidad del inframundo. El inframundo etrusco estaba controlado por la diosa de la muerte, Aita. Charun guiaba a los muertos a la otra vida y era una extraña figura azul que empuñaba un martillo y era imponente para todos los que lo veían. Los etruscos poblaron su vida después de la muerte con famosos héroes griegos, lo que implicaba cierto parentesco con la civilización.

El interior de las tumbas se asemejaba a una casa que proporciona información sobre cómo podría haber sido la arquitectura doméstica. Las tumbas tendían a tener techos a dos aguas para distinguirlas de otros edificios y poseían muchas habitaciones conectadas por marcos de puertas y ventanas. No había puertas reales en las tumbas, al menos según las pruebas que se conservan. Había porches y columnas, comedores separados y dormitorios fuera de la cámara de entierro para replicar una casa, e incluso tallas diseñadas para que parecieran utensilios de cocina y herramientas domésticas. Todo el efecto fue decididamente doméstico. Las cabezas de las camas de piedra tallada, junto con algunos de los sarcófagos que presentaban cabezas, tenían forma de semicírculos para los hombres y triángulos para las mujeres.

Capítulo 7 - Arte y música

Los artefactos que califican como etruscos fueron hechos entre los siglos IX y II a. C. Alrededor del 600 a. C., las técnicas y motivos griegos comenzaron a influir en el trabajo de los pintores, alfareros y metalúrgicos etruscos. A pesar de la afluencia de nuevos métodos, los etruscos mantuvieron varias características distintivas de la sensibilidad artística de la sociedad. Por ejemplo, en lugar de mármol, los artistas etruscos prefirieron desarrollar esculturas figurativas de terracota, una sustancia más accesible para las estatuas y sarcófagos. Las pinturas murales y la creación de frescos también siguieron siendo populares, y la mayor parte de la metalurgia se realizaba en bronce y podía incluir gemas grabadas. Las joyas de bronce a menudo se incrustaban con piedras semipreciosas y joyas en un ejemplo de metalistería fina.[28]

Los registros indican que las esculturas etruscas de bronce fueron una de las exportaciones más populares de la civilización, con muestras que cruzaban el mar Mediterráneo para llegar al Oriente Medio y al norte de África. Desafortunadamente, quedan pocas muestras grandes, ya que el bronce era un material valioso. Las generaciones futuras fundirían las estatuas para reciclar el metal con diferentes propósitos. Cualquier obra de bronce que sobrevive tiende

---

[28] Boardman, John ed., *La historia de Oxford del arte clásico*, 1993, OUP, pág. 350-351.

a provenir de tumbas que estaban llenas de bienes funerarios. Por lo demás, la escultura se hacía en terracota. A pesar de poseer grandes canteras de mármol, incluyendo algunas con elegante mármol de Carrara, su desarrollo y exportación no se haría hasta la época de los romanos. Las tumbas también contenían numerosos frescos que representaban fiestas, festejos y escenas mitológicas. A diferencia de las tumbas, los templos presentaban muchas de sus decoraciones en el exterior, incluyendo antefijas de terracota pintadas.

La otra forma común de arte etrusco eran las piezas de Bucchero. El Bucchero era una forma de cerámica fina hecha a mano reduciendo la cantidad de oxígeno en un horno mientras se cocinaba la cerámica. La cerámica etrusca también se distingue por sus finas pinturas que fueron adoptadas de los métodos griegos. Las pruebas demuestran que los etruscos realmente importaron más jarrones griegos que cualquier otro grupo en el Mediterráneo. Muchos jarrones representaban escenas religiosas de importancia, ya que la religión era una parte tan central de su cultura.

Un jarrón de Bucchero

Clasificación e historia

Las obras y técnicas etruscas se comprenden mejor cuando se clasifican por período de tiempo. Esto se debe a que la civilización duró varios siglos y experimentó cambios a lo largo del tiempo en lugar de todos a la vez. El primer período comenzó cuando los etruscos apenas comenzaban a diferenciarse de los villanovianos. Con el tiempo, surgirían otros períodos debido a la influencia de otras culturas antiguas como la griega, la fenicia, la asiria e incluso la egipcia. Aunque los etruscos adoptaron ciertas tendencias y tecnologías, aún se mantuvieron consistentes y únicos.

Los períodos del arte etrusco son los siguientes:

Entre el 900 y el 675 a. C. - Primeros villanovianos: Los mejores ejemplos del arte de los primeros villanovianos provienen de los ajuares y el arte funerarios como urnas con forma de casas y chozas. También era popular la cerámica de pasta cubierta con decoraciones geométricas, algunas de las formas más fáciles de crear para los alfareros en la superficie de arcilla húmeda. La alfarería de pasta en sí misma era áspera y no tan refinada como lo sería en siglos futuros, y muchas piezas contenían trozos de mica o piedra que no se quitaban antes de la cocción. También surgió la metalurgia del bronce, pero se hacía en pequeños trozos y se decoraba mediante moldeado o añadiendo líneas incisas en el metal antes de que se endureciera. Se podían crear estatuillas, pero eran típicamente mangos u otros accesorios para piezas más grandes.

Entre el 675 y el 575 a. C. - Oriental u Orientalizante: Los etruscos experimentaron un comercio exterior a gran escala en todo el Mediterráneo durante este período. Numerosas civilizaciones como la griega se interesaron por los minerales de metales preciosos disponibles en Etruria, y los etruscos comerciaron con esos recursos a cambio de piezas únicas de arte extranjero. Los griegos eran el socio comercial más influyente, y los etruscos experimentaron una afluencia de bienes, así como la inmigración de algunos artistas que permanecieron y produjeron piezas. Aparecieron jarrones pintados al estilo griego, y los leones entraron en escena también y se pueden encontrar en las pinturas a pesar de que la mayoría de los etruscos nunca han visto uno. Los estilos de los egipcios y del Cercano Oriente se desarrollaron con la popularidad de las palmetas y otros motivos. Surgió la cerámica de Bucchero, y también el torno de alfarero, haciendo la producción más fácil y hábil.

Entre el 575 y 480 a. C. - Arcaico: Después del período Orientalizante, la influencia griega continuó creciendo, ya que los etruscos y los griegos intentaron expandir su territorio a las mismas regiones. Los etruscos prosperaron, y sus éxitos económicos y culturales se extendieron a sus obras de arte. Aparecieron templos con brillantes decoraciones de terracota cubiertas con elaborados diseños y pinturas. También surgió el arte figurativo, que representaba a los seres humanos y las narraciones. Aunque estas también aparecieron en períodos anteriores, eran básicas y no estaban bien formadas. Los pintores crearon frescos en las tumbas, y las historias de la mitología griega eran temas populares. Los etruscos también recibieron la ventaja de tener numerosos refugiados griegos gracias a la conquista persa de Jonia alrededor del 546 a. C. Esto trajo muchos artistas y un período de decadencia, desarrollo y refinamiento en el arte.

Entre el 480 al 300 a. C. - Clásico: En muchos sentidos, el período Clásico fue de decadencia. Los Etruscos alcanzaron su pico durante el período Arcaico, y el volumen de arte producido se redujo durante el siglo V a. C., ya que la prosperidad se trasladó al interior y la sociedad se centró más en la lucha contra sus enemigos como Roma. Las tendencias anteriores continuaron en nuevas piezas sin nuevas innovaciones o tecnologías. La escultura en piedra se hizo más popular que la terracota, mientras que surgió un nuevo estilo de pintura en jarrón llamado figura roja. Este tipo de cerámica en particular se centró casi por completo en la pintura con pigmentos rojos, de ahí el nombre. Alrededor de la misma época en que surgió la figura roja, los etruscos también comenzaron a impulsar su comercio con otras culturas, aunque no duró mucho gracias a la guerra y las luchas. El bronce se exportó, y las principales ciudades se perdieron para los romanos, incluyendo la poderosa Veyes.

Jarrón de figura roja c. 330 a. C.

Entre el 300 al 50 a. C. - Helenístico: El período helenístico fue la caída de la civilización etrusca y por lo tanto de sus obras de arte, ya que las principales ciudades-estado fueron absorbidas por los romanos durante su expansión. En esta época, los arqueólogos e historiadores de arte luchan por distinguir entre las piezas etruscas y romanas desde que los romanos empezaron a imitar los estilos etruscos. La mayoría de las formas de arte etrusco basado en objetos desaparecieron, aunque hay algunos jarrones pintados y tumbas que surgieron durante el siglo II a. C. La influencia griega aquí es extensa, con algunas esculturas que diseñan exclusivamente estatuas de bronce de tamaño real de modelos griegos.

Durante cada período de tiempo, las formas más ubicuas de trabajo artístico fueron la escultura y la cerámica con la terracota como medio estándar. La terracota es una forma de cerámica desarrollada esculpiendo arcilla húmeda y luego horneándola para endurecer el material. Tanto las vasijas como las estatuas se hacían de terracota, y las piezas a veces eran grandes, aunque la mayoría eran lo suficientemente pequeñas como para caber en las tumbas con los sarcófagos y los muebles funerarios. Algunos ejemplos de estatuas de terracota se pueden ver abajo en las imágenes de dos jóvenes, uno con un casco y otro sin él. El de la derecha, aunque es difícil de ver, lleva un casco sobre su pelo rizado que termina donde su cuello se encontraría con los hombros. Estas fueron hechas entre los siglos III y II a. C. y muestran claras influencias griegas.

Metalistería

Aunque los etruscos no trabajaron con muchos metales en el arte, fueron maestros del bronce y construyeron o esculpieron numerosas estatuas y estatuillas a lo largo de los siglos. Muchas de estas piezas adornan los museos de toda Europa y se parecen mucho a las obras griegas. Los romanos eran especialmente aficionados a la metalistería etrusca y la cambiaban por piezas y las saqueaban, enviándolas de vuelta a sus hogares durante las guerras romanas y etruscas. Según Plinio, más de 2.000 estatuas de bronce fueron robadas solo de la ciudad de Volsinii una vez que fue capturada y arrasada.[29] El mejor ejemplo sobreviviente del trabajo en bronce de los etruscos es el gran y complejo carro de Monteleone hecho aproximadamente en el 530 a. C.

El Monteleone posee una extraña y vaga historia llena de controversias. Los historiadores se esfuerzan por determinar cómo llegó finalmente a descansar en el Museo Metropolitano de Arte de la ciudad de Nueva York; el distrito administrativo de Monteleone trató de devolverlo a Italia, pero fracasó. En su lugar, recibieron una réplica a gran escala. La carroza de Monteleone está probablemente basada en un modelo de equitación estándar y demuestra las técnicas de construcción y los diseños etruscos. El armazón original está hecho de madera y cubierto con láminas de bronce martillado para protegerlo. Hay incrustaciones de ámbar y marfil como decoración adicional, una representación de Aquiles recibiendo su armadura de su madre Tetis, e incluso nueve radios en las ruedas. El número de radios destaca porque los griegos solo usaron cuatro, mientras que otras civilizaciones del Mediterráneo usaron seis u ocho. Es evidente que los etruscos lograron distinguirse de las demás culturas que les rodeaban, al tiempo que incorporaron algunas técnicas, especialmente en lo que respecta al bronce.

---

[29] Plinio: Historia natural XXXIV.16.

La Carroza Monteleone

Además de las estatuas, los etruscos fabricaron una variedad de otros objetos de bronce, incluyendo carcasas para espejos y los marcos de joyas y otros adornos. Una técnica particular consistía en grabar líneas en las piezas y luego rellenarlas con un material blanco líquido que endureciera y resaltara el diseño y su complejidad. Desafortunadamente, a muchas piezas que alguna vez habrían incluido la sustancia blanca les falta, y esto puede arruinar el efecto de las obras en los escenarios contemporáneos, ya que los diseños lineales son más difíciles de identificar.

Aparte del bronce, los etruscos trabajaban una pequeña cantidad con plata y oro que eran metales mucho más raros y se reservaban principalmente para la joyería de las élites ricas. Tales joyas podían ser anillos, collares, brazaletes, broches y adornos de pecho como el que se muestra a continuación.

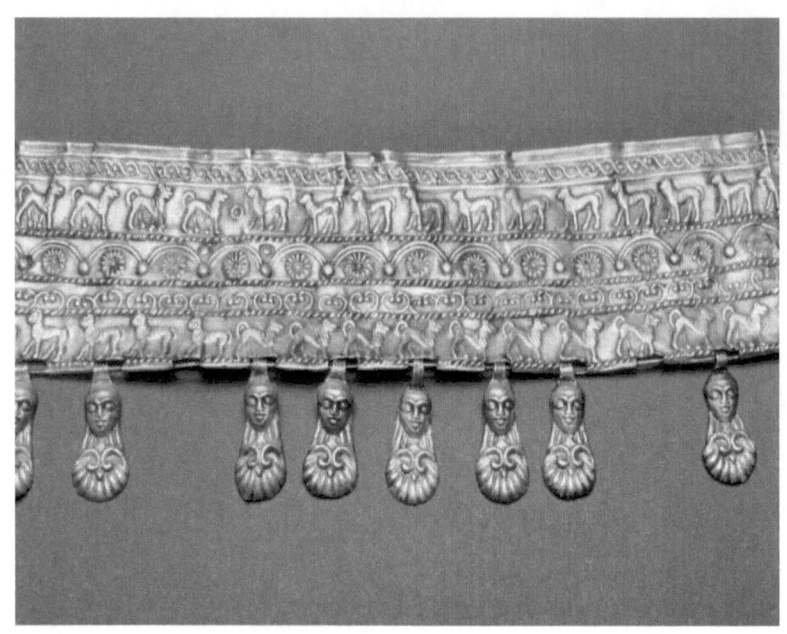

Pintura mural y frescos

La mayoría de las pinturas etruscas sobrevivientes provienen de los frescos de las paredes de las tumbas. Estos frescos, mientras estaban expuestos a los elementos como el aire y la humedad, evitaban los peligros de la luz del sol, la lluvia y otros factores ambientales severos. La fuente más común de pinturas de tumbas es Tarquinia que presenta piezas del 670 a. C. al 200 a. C. La mayoría de los supervivientes fueron pintados entre el 520 y el 440 a. C. Esta forma de arte etrusco tiene una importancia significativa para los estudiosos del mundo antiguo. Se sabe que los etruscos fueron fuertemente influenciados por los griegos en la época en que se hicieron las pinturas. Desafortunadamente, la tradición de la pintura mural griega había sido casi totalmente diezmada por el tiempo, lo que significa que quedan pocos restos. Examinando el trabajo de los etruscos, los estudiosos creen que pueden aprender sobre los equivalentes griegos identificando elementos que parecen fuera de lugar o inspirados en la mitología griega.[30]

Los frescos etruscos se hacían enluciendo una pared y luego aplicando pintura fresca encima. El yeso y la pintura se dejaban secar juntos para que la pintura se convirtiera en parte del yeso y fuera menos probable que se desprendiera. Los colores se podían hacer moliendo minerales para crear diferentes colores que luego se añadían a una mezcla básica de pintura líquida. Los pinceles estaban hechos de madera y pelo de animales y a veces de piedra. El pelo animal siempre se usaba como cerdas, ya que era el material suave más abundante disponible. A mediados del siglo IV a. C., los etruscos aprendieron la práctica del modelado del claroscuro, que consiste en utilizar fuertes contrastes entre la luz y la oscuridad para dar una mejor definición a las figuras. Fueron capaces de retratar mejor la profundidad y el volumen, añadiendo una muy necesaria definición a sus piezas. Las escenas mitológicas se representaban más que las instancias de la vida cotidiana, y la proporción tendía a estar ausente en las obras de arte. Esto significa que las escenas mitológicas a menudo poseían figuras de tamaños irregulares que eran demasiado grandes para sus entornos.

Algunos de los mejores ejemplos de frescos etruscos son la Tumba de los Leopardos y la Tumba de las Bailarinas, también llamada la Tumba de las Mujeres que Bailan. Ambas son de cámaras funerarias y parecen datar del siglo V a. C., aunque la datación es difícil para la Tumba de las Bailarinas. En estas mismas tumbas, los arqueólogos encontraron hermosos ejemplos de cerámica que era un bien funerario común.

---

[30] Steingräber, Stephan, *Abundancia de vida: Pintura mural etrusca*, 2006, Museo J. Paul Getty, Getty Publicaciones, pág. 9.

Un buque de cerámica de jabalí, entre el 600 y el 500 a. C.

Música

Los historiadores, arqueólogos y otros eruditos no pueden reconstruir las cepas líricas de la música etrusca a partir de artefactos, ilustraciones de tumbas o inscripciones, pero pueden interpretar las líneas dejadas en las fuentes romanas, descifrar los sonidos basándose en las formas de los instrumentos y reconstruir una imitación cercana de la música etrusca. Desafortunadamente, la información que postulan los estudiosos es muy teórica y debe ser tomada con mucha cautela. Esta cuestión no es exclusiva de los etruscos, ya que los estudiosos tienen problemas similares al tratar de reconstruir la música de otras civilizaciones antiguas como la griega y la egipcia.

En general, los etruscos poseían una tradición musical oral, lo que significaba que la educación musical y las canciones se transmitían muy probablemente entre individuos por medio de demostraciones y enseñanza audible, más que a través de notas escritas. Este es el escenario más probable, pero también uno basado en pruebas circunstanciales, ya que hay pocas piezas musicales o registros que sobrevivan. Las que existen tienden a ser talladas en arte funerario o estelas.

La música acompañaría al trabajo, al ocio e incluso a la guerra. A los músicos y bailarines profesionales no se les concedía mucho respeto, pero se les consideraba partes significativas e importantes de la cultura etrusca. Los eventos solemnes y ceremoniales como juegos, festivales, funerales y celebraciones como el *Fanum Voltumnae* a menudo iban acompañados de música y bailarines. Los simulacros militares poseían pistas y piezas musicales, al igual que las competiciones deportivas, las cacerías y, por supuesto, los banquetes, las fiestas y otras festividades. Aunque había bailarines profesionales, la población etrusca común era también aficionada a la danza, y podría haber figurado en algunos rituales. Los etruscos tocaban música no solo durante la porción de la comida de un banquete, sino también mientras se preparaba la comida y después, cuando los individuos se reunían durante las sesiones de bebida después de consumir la comida.

Los historiadores creen que los etruscos asignaron un significado religioso y espiritual a la música, ya que los etruscos parecen haber creído que ciertas canciones, letras y notas poseían poderes mágicos. Algunos libros sagrados presentan frases rítmicas repetitivas que podrían haber sido cruciales durante el proceso funerario. Eventos elaborados como los funerales podrían haber tenido partituras escritas para asegurar que todos permanecieran en el tiempo y afinados, pero ninguno sobrevivió, haciendo de esta teoría otra instancia de especulación educada.

Músico etrusco con Barbitón, tumba del triclinio

Durante la ceremonia funeraria, el dulce y acogedor sonido del aulós (flauta) y la lira iluminaba la atmósfera del banquete, persuadiendo a los participantes para que bailaran. Se conocen poco los nombres etruscos originales de sus instrumentos musicales, por lo que los historiadores y estudiosos utilizan los nombres latinos o griegos. Podemos clasificarlos en tres categorías: percusión, cuerda e instrumentos de viento.

Se han encontrado instrumentos de percusión como las campanas, campanella (tintinnabulum) y crótalos (castañuelas). Estos instrumentos podrían haber sido fácilmente transportados por jóvenes bailarines.

De la descripción de Plinio el Viejo de la tumba de Lars Porsena, podemos sacar algunas conclusiones interesantes. Como en muchos otros objetos con función apotropaica, se montaron campanas en la tumba con el objetivo de producir sonidos al ser movidos por el viento, repeliendo así las presencias malignas. La función apotropaica significa que se pensaba que el instrumento ahuyentaba a los espíritus malignos a través de sus sonidos. Un ejemplo moderno de algo que tiene una función apotropaica serían las campanas de viento, que algunos individuos espirituales piensan que pueden proteger los hogares de pensamientos y espíritus malignos.

Instrumentos de cuerda y viento

Los instrumentos de cuerda etruscos más comunes eran la lira y el Barbitón, también llamado cítara. Una lira consistía en siete cuerdas encadenadas a lo largo de una caja de resonancia. Esta caja de resonancia se fabricaba a partir del caparazón de una tortuga o de madera, dependiendo del lugar donde se fabricaba y de los materiales disponibles. El Barbitón era similar, pero más grande.

Los etruscos poseían numerosos instrumentos de viento para crear su música. Los cinco principales eran los Aulós, el Cornu, la tuba, el Lituus y el Tibia. El Aulós era una forma de flauta doble con una doble boquilla. Los músicos usaban un Capistrum para mantenerlo en su lugar, que era una correa que se enrollaba alrededor de la cabeza. Esta doble flauta es considerada la mascota de los instrumentos etruscos por su popularidad en la cultura. Aparentemente, los flautistas etruscos eran legendarios en todo el Mediterráneo, con los griegos y romanos escribiendo y alabando la habilidad de los músicos. Algunas leyendas afirman que los flautistas eran capaces de atraer a los jabalíes de los bosques con sus agradables melodías durante las cacerías.

El Cornu era un instrumento de metal enrollado con un diámetro masivo para la sonoridad. Probablemente se usaba enrollado alrededor de los hombros y posiblemente poseía beneficios prácticos para la caza e incluso la guerra. Con el tiempo, su versatilidad lo hizo popular para eventos ceremoniales. El Lituus, por su parte, era un instrumento de viento en forma de L hecho de bronce. Las piezas excavadas miden hasta 160 centímetros de largo. El propósito exacto y el sonido del Lituus son ambiguos, pero no parecía ser tan popular como otros instrumentos, especialmente la tuba.

La tuba etrusca era diferente del instrumento de bronce moderno. Se parecía a una trompeta recta y estaba hecha de cobre o hierro. El largo tubo terminaba en un lado en forma de campana mientras que el otro sostenía la boquilla. Esta tuba no fue diseñada para crear un sonido agradable, sino para ser lo más fuerte posible porque la tuba se usaba durante las batallas y los juegos atléticos. La intimidación a través del sonido era una táctica popular, y la tuba continuaría siendo utilizada por los romanos más tarde para señalar los movimientos durante las batallas, así como en los funerales y durante los sacrificios. La tibia era diferente, ya que era un tipo de flauta que se tocaba durante las ceremonias religiosas, así como en eventos tristes. Las notas eran mucho más matizadas y agradables, y las fuentes mencionan que la Tibia se tocaba para ahuyentar una plaga en Roma durante el siglo IV a. C.

Capítulo 8 - El lenguaje y la escritura etrusca

Los etruscos poseían su propio lenguaje escrito y hablado que existía en toda Etruria y sus colonias. Los lingüistas creen que la lengua etrusca influyó en el desarrollo del latín y se basó en el grupo de lenguas indoeuropeas junto con otras lenguas importantes como el español, el rumano y el francés. Es difícil determinar cómo podría haber sonado el etrusco cuando se habla, ya que es esencialmente una lengua muerta. Este problema se agrava por el hecho de que los eruditos luchan por descifrar lo poco que queda de texto. Hay aproximadamente 13.000 inscripciones sobrevivientes escritas en etrusco. La mayoría son cortas, pero están escritas en textos bilingües y a veces trilingües con la frase escrita primero en etrusco y luego otra vez en latín, griego o fenicio.

Los textos bilingües permiten a los estudiosos descifrar algunas palabras difíciles, ya que pueden emparejar la palabra etrusca con su equivalente en un idioma más conocido. Hay varias docenas de palabras prestadas de otros idiomas, pero el etrusco sigue siendo único y distinto. El estudio del etrusco como lengua es una fuente de numerosos enigmas. Algunos estudiosos creen que el etrusco era un aislado, o una lengua que se desarrolló por sí sola y no estaba relacionada con otras. Otros piensan que fue una de las lenguas tirianas, una hipotética lengua extinta que se desarrolló independientemente de otras lenguas mediterráneas. Sin más información, la lengua etrusca podría seguir siendo un misterio durante muchos años.

Hay algunos rasgos conocidos. La lengua etrusca es aglutinante, lo que significa que los sustantivos y verbos tienen terminaciones inflexionales que afectan a la forma en que se hablan. Los sustantivos también tienen formas masculinas y femeninas separadas según con quién estén relacionados, y hay números o formas singulares y plurales para sustantivos y verbos. Esto significa que hay sustantivos separados para un solo hombre, una sola mujer, múltiples hombres y múltiples mujeres. Los lingüistas han sido capaces de identificar los cambios en el lenguaje a lo largo del tiempo, especialmente cuando se trata del alfabeto.

La lengua etrusca poseía su propio alfabeto que se derivaba del alfabeto griego, y el etrusco pasaría a ser la fuente del alfabeto latino en los siglos posteriores. Los historiadores incluso piensan que la lengua etrusca viajó al norte y se convirtió en el alfabeto Elder Futhark que consiste en las runas más antiguas de la región germánica. Algunos piensan además que el etrusco influyó en palabras significativas de la cultura europea occidental, incluyendo "persona" y "militar". Estas palabras no tienen raíces indoeuropeas, que es donde los estudiosos infieren la conexión. El sistema de escritura etrusca se divide en dos fases históricas: la arcaica, de los siglos VII a V a. C., y la posterior, de los siglos IV a I a. C. La primera fase utilizó el alfabeto griego temprano, mientras que la segunda fase comenzó a ignorar o modificar las letras para crear un sistema de escritura más distintivo.

Alfabetización

Cuando se habla de la alfabetización en las civilizaciones antiguas, es importante recordar que la mayoría de la población habría sido analfabeta. El individuo medio no tenía motivos para saber leer o escribir y habría carecido de oportunidades educativas. En cambio, la alfabetización estaba reservada a los aristócratas y comerciantes que necesitaban llevar un registro y podían disfrutar de la historia y las historias desarrolladas por la élite. Los funcionarios religiosos, como los sacerdotes, también sabían leer y escribir, ya que necesitaban leer los libros de adivinación y rituales de las diferentes fiestas y celebraciones. Más tarde, las únicas personas alfabetizadas en la lengua etrusca fueron algunos romanos ricos que se enseñaron a sí mismos el idioma debido a su interés por la historia u otros temas de la antigüedad.

Los historiadores pueden decir que la alfabetización fundamental era común en todo el Mediterráneo, especialmente en las ciudades portuarias. Este alfabetismo fundamental significa que la gente podía identificar palabras basadas en su ortografía, pero no leerlas realmente. Algunos individuos también podrían reconocer sus nombres, pero no escribirlos realmente. Este fenómeno es como si una persona moderna supiera que las letras "vaca" se refieren a una "vaca", pero no pudiera leerlas. La palabra se conoce a simple vista sin mayor conocimiento y se convierte más en un símbolo que en una palabra escrita legítima.

Los etruscos dejaron numerosas inscripciones en los monumentos y en las tumbas, y las diferencias entre los estilos de escritura indican que hay varios escribas. La mayoría de las inscripciones son del 700 a. C., por lo que incluso los primeros etruscos poseían alguna forma de alfabetización más avanzada, aunque no era común. Al mismo tiempo, hay pruebas de que los etruscos poseían una rica cultura literaria en la que muchos no podían participar. Los romanos como Livio y Cicerón a menudo se referían a varios libros codificados sobre los ritos religiosos etruscos, incluyendo la mencionada *Disciplina*

Etrusca, el *Libri Haruspicini*, el *Libri Rituales* y el *Libri Fulgurales*. Al mismo tiempo, había un cuarto conjunto no identificado de libros etruscos que hablaban de dioses animales. El único libro que sobrevivió completamente es el *Liber Linteus Zagrabiensis* que sobrevivió gracias a que alguien usó su lino como envoltorio de momia en el Egipto ptolemaico.

Los romanos parecían ser capaces de leer el etrusco durante unos pocos siglos después de que la cultura etrusca comenzara a ser asimilada en Roma. Con el tiempo, solo unos pocos estudiosos dedicados con interés en la historia pudieron leer etrusco. El último individuo conocido que poseía un conocimiento del lenguaje escrito fue el emperador Claudio, que vivió desde el 10 a. C. hasta el 54 d. C. Escribió un tratado de veinte volúmenes sobre los etruscos, así como un diccionario, ambos perdidos en el tiempo. Es una lástima, ya que compiló el diccionario entrevistando a los últimos ancianos sobrevivientes que hablaban etrusco nativamente.

Además de los pocos romanos fluidos, también había muchos individuos regulares que sin saberlo hablaban términos etruscos que habían sido absorbidos en el vocabulario romano estándar. Estas eran palabras como *columna* (columna), *populus* (gente) y *tuba* (trompeta). Quizás la más inusual es la que se usa en el inglés moderno y posee un contexto muy diferente - *vagina*, que originalmente significaba vaina y ahora se refiere a los genitales femeninos.

Fuera de Italia, la alfabetización etrusca se extinguió rápidamente después del 300 a. C. Debido a que los etruscos perdieron sus colonias y asentamientos mediterráneos rápidamente durante su declive en los siglos V y IV a. C., no es sorprendente que el etrusco fuera reemplazado por otros idiomas como el griego y el latín. Así, mientras que se han encontrado inscripciones en regiones como el mar Negro, los Balcanes, Córcega, Elba y Grecia, el idioma en sí no se habría hablado mucho más allá del 300 a. C.

Escritura

Los estudiosos de las lenguas antiguas creen que la escritura latina se deriva del alfabeto etrusco. Este alfabeto utiliza una variante euboica del alfabeto griego que utiliza la letra digamma, que está ausente en algunas otras versiones del griego. La escritura griega probablemente llegó a Etruria a través de Cumas y Pitecusas. Estas dos ciudades eran colonias griegas en la península italiana cerca de Etruria y disputaban el territorio por el que etruscos y griegos lucharían. Estos asentamientos eran del griego eubea, lo que significa que eran el punto más probable de transferencia del alfabeto griego a los etruscos.

El alfabeto etrusco poseía veintiséis letras y sería adaptado al latín más tarde. Todo el alfabeto está presente en un jarrón de terracota Bucchero que actualmente se encuentra en el Museo Metropolitano de Arte de la ciudad de Nueva York. Fue construido entre 650 y 600 a. C., lo que significa que el alfabeto se desarrolló a principios de la historia de Etruria. Algunos ejemplos también se encuentran en el Hígado de Piacenza que se ve a continuación. A pesar de que el alfabeto tenía veintiséis letras, los etruscos no usaban cuatro de ellas, ya que no tenían un sonido silábico para la *b, d, g,* u *o*. La escritura se hacía de derecha a izquierda, lo cual es un retroceso para la mayoría de las personas que saben leer y escribir en las lenguas europeas. Sin embargo, algunas regiones de Etruria parecían escribir de izquierda a derecha. La escritura temprana no espaciaba las palabras, sino que ponía un punto o dos puntos entre los sustantivos y verbos individuales. Esto significa que las *oraciones.se.verían.así.* Toda la escritura se hacía fonéticamente, y no había una ortografía estandarizada, lo que significa que las ciudades-estado probablemente tenían diferentes pronunciaciones para las mismas palabras. Esto es comprensible, ya que se sabe que hay dialectos regionales.

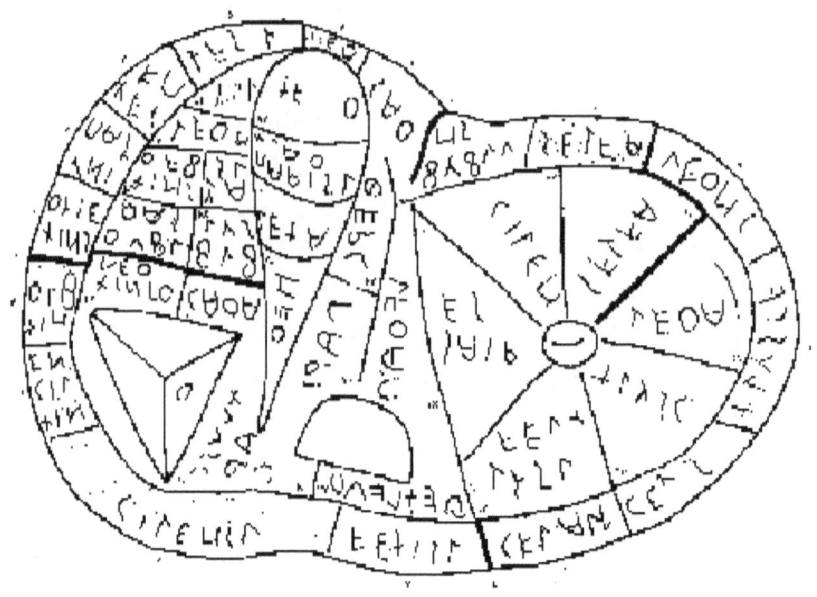

El texto sobre el hígado de Piacenza

El discurso escrito etrusco da más pistas sobre cómo sonaba el lenguaje cuando se hablaba. El discurso escrito puso mucho énfasis en la primera sílaba, pero luego ignoró muchas de las consonantes y vocales restantes, lo que hubiera hecho que las palabras sonaran como si se hubieran arrastrado. Se pueden ver ejemplos en la escritura que muestran esta práctica, uno de ellos es la escritura del nombre Heracles, el héroe mitológico griego. La mayoría de la gente podría reconocer su nombre como el Hércules romano. En etrusco, Heracles se escribe como *Hercle*, que ignora las sílabas después de la primera y borra la mayoría de las vocales habladas. En otros casos, los escritores doblarían las vocales y añadirían la primera vocal al final de las otras sílabas. Así que, en lugar de *Hercle*, un escriba podría escribir *Herecele*. Están reciclando la "e" para crear un fenómeno llamado "armonía de vocales", pero los historiadores aún luchan por interpretar los textos etruscos debido a la falta de conocimiento de la ortografía y los significados de las palabras.[31]

---

[31] Pallottino, Massimo (1955). Los etruscos. Penguin Books. Traducido del italiano por J. Cremona, pág. 261.

Capítulo 9 - Arquitectura

Los arqueólogos descubrieron numerosos ejemplos de la arquitectura etrusca construida entre el 700 a. C. y el 200 a. C. Estas ruinas registran la historia de la cultura etrusca mientras se separaba lentamente de los villanovianos, alcanzaba su edad de oro y luego declinaba antes de ser asimilada por el poder de Roma. Basándose en las pruebas disponibles, los estudiosos pueden deducir que los etruscos preferían construir edificios importantes con piedra tallada y madera, mientras que las estructuras más temporales se construían con ladrillos de barro y otros materiales más fáciles de fabricar. Los azulejos de terracota eran básicos para los templos, los palacios y las casas aristocráticas, y a medida que la tecnología avanzaba, se podían encontrar incluso en las casas normales.

Los arqueólogos especializados en edificaciones han podido determinar que hubo varios períodos de significativa influencia artística a lo largo de los siglos. Por ejemplo, los etruscos adoraron la arquitectura griega a partir de finales del siglo VII a. C. y comenzaron a incorporar elementos como columnas en sus edificios. Como se mencionó anteriormente, los griegos fueron uno de los mayores socios comerciales de los etruscos, por lo que era natural que tales elementos culturales y artísticos fueran compartidos. La arquitectura etrusca pasaría entonces a influir en los romanos, que podrían considerarse una copia de los etruscos durante siglos, hasta que los romanos consiguieron desarrollar su propio diseño.

La mayor fuente de información sobre la arquitectura etrusca proviene de las tumbas, que ya han sido discutidas con cierto detalle. Estas tumbas existían en necrópolis masivas en las afueras de las ciudades etruscas. Las necrópolis eran cementerios gigantescos en los que los etruscos enterraban a sus seres queridos para preservar sus cuerpos y almas, pero también para evitar que la putrefacción de los cadáveres en descomposición afectara a las ciudades. Otras fuentes de arquitectura que sobreviven son los templos, las casas, las murallas e incluso los caminos tallados en piedra. No todo fue preservado en buenas condiciones, pero las conjeturas cuidadosas y educadas pueden llenar muchos de los vacíos.

Templos

Los templos, tal y como los entiende el público moderno, no existían durante los primeros siglos de la civilización etrusca. En su lugar, los etruscos adoraron en recintos al aire libre hasta aproximadamente el 600 a. C. En ese momento, los etruscos comenzaron a imitar a los griegos y construyeron edificios y monumentos impresionantes. Los arqueólogos debaten si los templos eran esencialmente casas glorificadas construidas según los mismos diseños de la morada noble estándar o si eran realmente únicos por derecho propio.[32]

En estos templos, la plataforma base o el podio donde el sacerdote estaba de pie sería de piedra. El resto del templo podía ser hecho de ladrillo de barro, madera y otros materiales más perecederos. Estos materiales no podían soportar la prueba del tiempo y reducían lo que los arqueólogos podían descubrir. Es posible que hubiera columnas de pórtico de inspiración griega hechas de piedra en algunas de las estructuras más grandes, pero estas desaparecieron. Sin embargo, en

---

[32] Vedia, Izzet, *La arqueología de la sociedad etrusca*, 2007, Prensa de la Universidad de Cambridge, pág. 19-21.

Veyes quedan pruebas de arquitectura de inspiración griega, y escritores romanos como Vitruvio a menudo mencionan elementos griegos en los templos etruscos que ya no sobreviven.

Vitruvio, un autor romano que murió en el 15 a. C., escribió acerca de cómo los templos romanos fueron construidos a veces en el estilo etrusco, pero no está claro cuándo Vitruvio habría visto realmente un templo etrusco o si estaba tratando de hacer conjeturas educadas. Por un lado, las descripciones ofrecidas por Vitruvio coinciden con los bosquejos desarrollados por los arqueólogos en algunos aspectos. Por otro lado, también hay numerosas diferencias. A fin de cuentas, los arqueólogos se contentan con racionalizar que los templos sin duda poseían numerosas formas, ya que hubo un período de 400 años en que fueron construidos. Intentar encajarlos en un molde sería como intentar que todas las iglesias católicas francesas construidas entre el 1400 y el 1800 d. C. se vean iguales.

Basándose en las ruinas y en las descripciones de Vitruvio, los templos etruscos tenían tres puertas y tres cellae para cada una de las principales deidades. Cellae es el plural de cella (cela), que es un área oculta dentro de los templos griegos y romanos donde se guardaba la imagen de culto de una deidad. Una imagen de culto es un objeto hecho por el hombre que a menudo se adora en homenaje a la deidad que representa, similar a un ídolo. La orientación de los templos podía decidirse por el movimiento de los pájaros, que se creía que eran un presagio de los dioses, y las decoraciones de terracota eran comunes. Los templos eran incluso más coloridos entre los etruscos que entre los griegos y romanos, que eran bastante extravagantes en su trabajo. La terracota pintada era popular para las tejas de los tejados y la base de las columnas, mientras que las piezas más pintadas se usaban para formar estatuas de dioses y héroes mitológicos.

Los etruscos influenciaron a los romanos en la estructura general de los templos. Los arqueólogos saben que ambas culturas se centraron en el frente del edificio mientras descuidaban los lados y la parte trasera. Así que, el frente era típicamente elevado, solo se podía entrar en el templo por la parte delantera, y a menudo había columnas que sostenían el techo a lo largo del pórtico, que es la pequeña sección del techo sostenida por columnas y abierta por tres lados. En los templos etruscos, el pórtico era mucho más profundo que en sus equivalentes romanos. En años posteriores, los etruscos comenzaron a modelar sus estructuras en los estilos griego eólico, jónico y corintio. El dórico también se usaba a veces, y las columnas estriadas se hicieron populares alrededor del siglo V a. C. Más tarde, los etruscos también imitarían a los egipcios incorporando molduras de caveto y palmetas. Es posible que los comerciantes hayan traído estos estilos de vuelta con ellos después de haber parado en los puertos egipcios.

Una Palmeta

Templo de Júpiter Óptimo Máximo

Algunos individuos que leen este volumen podrían haber oído hablar del Templo de Júpiter Óptimo Máximo, que era el templo más antiguo de Roma de su prodigioso tamaño. El templo fue dedicado a Júpiter, Juno y Minerva, y los historiadores y arqueólogos creen que fue dedicado alrededor del 509 a. C. Sin embargo, un incendio destruyó la estructura en el 83 a. C., por lo que fue reconstruida según la tradición griega en el 69 a. C. Se arruinó y reconstruyó dos veces más antes de que apareciera su forma moderna. Cuando se construyó originalmente el Templo de Júpiter Óptimo Máximo, especialistas etruscos fueron traídos a Roma para proporcionar información sobre las técnicas requeridas para construir un templo tan grande. Dejaron sus huellas digitales en el diseño original, que incluía el desarrollo y la pintura de características únicas de terracota como antefijas.

En la historia del Templo de Júpiter Optimo Máximo se puede ver el significado de los etruscos para los romanos. Sus diseños y habilidades eran tan grandes que fueron llamados a Roma para ayudar a los constructores de allí. Las descripciones del templo original también son importantes para ayudar a los especialistas contemporáneos a entender algunas de las complejidades de los diseños de los templos etruscos. Saben que el templo original tenía un área de 61 metros por 61 metros y que el edificio estaba tan bien construido que sobrevivió 400 años de uso diario por la población de Roma. La presencia de la terracota pintada también es omnipresente, una opción favorita tanto para el arte como para la arquitectura. Algunas otras características eran amplios aleros, amplias columnatas y un techo altamente decorado que habría llamado la atención de los transeúntes.[33]

---

[33] Denario del año 78 a. C.

Carreteras y redes de transporte

Los caminos etruscos son difíciles de estudiar. Varias importantes calzadas romanas, incluida la Vía Cassia, se construyeron sobre predecesores etruscos, lo que dio lugar a la pérdida de valiosa información sobre la tecnología de las calzadas etruscas. Otros sitios fueron lo suficientemente descuidados como para proporcionar una imagen rudimentaria de cómo podrían haber sido las carreteras. La mayoría eran de tierra compactada, pero algunos también tenían grava y bloques de toba. Los bloques de toba son intrigantes porque se construyeron con ceniza volcánica solidificada y parecen haber sido transportados a grandes distancias para construir los caminos. Las carreteras más grandes, que se recorrían con mayor frecuencia, también tenían canales centrales de drenaje para evitar inundaciones. Si bien los caminos etruscos discurrían entre los principales asentamientos, también se construyeron en el campo, donde los campos y los huertos podrían haber estado para que los productos pudieran llegar más fácilmente a las ciudades. Algunos de los caminos más grandes tenían un ancho de 10 metros y una longitud de 12 kilómetros.

Los arqueólogos descubrieron otra forma de camino en la Vía Cava. Aquí se pueden ver estrechos pasadizos cortados en los lados de las colinas que han cambiado poco a lo largo de miles de años. Los historiadores creen que las ruedas con llantas de hierro de los etruscos cortaron el lecho de roca suave de las colinas, dejando surcos que necesitaban ser alisados. Este proceso eventualmente creó los caminos. Como otras formas de arquitectura y planificación urbana, la construcción de carreteras etruscas evolucionó con el tiempo. Durante los siglos VII y VI, la mayoría de las carreteras eran asuntos básicos diseñados para peatones y algunos animales como las mulas. Con el paso del tiempo, las ciudades-estado hicieron un esfuerzo concertado para desarrollar caminos diseñados que pudieran manejar las ruedas de carros cargados de gente, cultivos y bienes para el comercio. La mayoría de los puentes estaban hechos de largas vigas de madera, aunque hay pruebas de que se usaba piedra debajo de la madera para dar un soporte extra.

Muros y Fortificaciones

Los etruscos tendían a desarrollar sus ciudades en lugares que requerían pocas murallas y fortificaciones, por lo que muchos de los primeros asentamientos carecían de tales elementos hasta el siglo VIII a. C. En esta época, empezaron a aparecer muros de ladrillo de barro. Pronto serían reemplazados por piedras gruesas. La península italiana era objeto frecuente de guerras y ataques externos, así que era natural que los etruscos empezaran a proteger su territorio. La mayoría de los muros poseían una muralla de fácil acceso, así como una zanja cavada frente a ellos. Se construyeron puertas dentro de la muralla para que los viajeros y los agricultores pudieran entrar en la ciudad. Los asentamientos más ricos diseñaron las puertas con arcos, mientras que las áreas más pobres se conformaron con plazas toscas. La mejor muralla etrusca que ha sobrevivido es la Porta Marzia de Perugia que fue construida poco antes de que Roma tomara el territorio. La mayoría de los asentamientos solo sobrevivieron a una pared, pero Volterra demostró ser diferente. Volterra es única entre los hallazgos arqueológicos porque el asentamiento tiene dos muros sobrevivientes en lugar de uno.[34] Con el tiempo, las murallas y fortificaciones avanzaron en su diseño. Mientras que las primeras murallas eran toscas y desordenadas, los siguientes modelos exhibían un trabajo en piedra de gran calidad. Muchas fueron hechas usando rectángulos de sillares mientras que otras eran claramente ciclópeas.

---

[34]

La Porta Marzia

Tumbas físicas

Muchas de las características de la arquitectura de las tumbas ya han sido cubiertas, pero las de los ricos poseían algunas diferencias distintivas en su ubicación y tipos de bienes funerarios. Los etruscos ricos construyeron sus tumbas lejos de las ciudades, normalmente en el corazón de grandes necrópolis. La cerámica era el bien funerario más popular, así como los artículos de lujo que el resto de la población no podía permitirse, como joyas y artículos hechos de metales preciosos y con incrustaciones de piedras y gemas de colores. Múltiples generaciones de la misma familia fueron enterradas en estas tumbas, que a menudo eran cortadas en grandes paredes de rocas. Otras fueron construidas de piedra cortada y con forma.

Las tumbas sobre el suelo fueron construidas en filas que se asemejaban a las modernas casas de vecindad. Otras eran túmulos (el plural de túmulo, que es un antiguo túmulo funerario típicamente hecho de tierra compactada) con entradas que conducían a las cámaras de abajo. Casi todas las tumbas se asemejaban a casas en su interior con numerosos pasillos, dormitorios y grandes cámaras de entrada llenas de muebles funerarios. Las columnas eran populares entre los ricos, y los arquitectos incluso diseñaban vigas de piedra innecesarias en la parte superior para imitar varios pisos o un techo. La mayoría de las tumbas poseían pinturas al fresco como decoración.

Capítulo 10 - Los textos y la literatura que sobrevivieron

Aunque son pocos y muy frecuentes, algunos textos etruscos sobrevivieron a los estragos del tiempo y revelan información sobre esta cultura que abarcó siete siglos.[35] Estos textos utilizan una forma del alfabeto griego debido al estrecho contacto entre los griegos y los etruscos en el espacio geográfico para las colonias, así como a través del comercio general y el intercambio cultural. Otros textos utilizan el alfabeto etrusco, que está más relacionado con el alfabeto griego de Eubea y suelen ser las inscripciones de las tumbas descubiertas en el continente de la península itálica.[36] De los textos que quedan, muchos son textos religiosos y funerarios que fueron inscritos en piedra, y la mayoría son de aproximadamente el siglo IV a. C. Además de los documentos y textos originales legítimos, también se conservan citas y alusiones escritas por autores clásicos de otras culturas, incluyendo a los frecuentemente mencionados romanos.

---

[35] Mientras que los etruscos estuvieron alrededor de nueve siglos, su cultura solo fue prominente durante unos siete.

[36] Bonfante, Giuliano y Bonfante Larissa. *La lengua etrusca: Una introducción.* Manchester: Prensa de la Universidad de Manchester, 2002.

Algunas de las citas y referencias incluyen notas de Diodoro Sículo en el siglo I a. C., quien describió a los etruscos como poseedores de una cultura literaria verdaderamente asombrosa que se destacaba como uno de los principales logros de la cultura. A pesar de ser un logro brillante, los historiadores y los eruditos saben poco sobre el lenguaje escrito porque todo lo que queda de los textos funerarios es la repetición de las mismas frases que se encuentran en las inscripciones de los sarcófagos. Incluso estas se entendieron solo porque alguna alma emprendedora decidió repetir las mismas frases en púnico y latín también, creando un epitafio trilingüe. Otras se pueden encontrar de individuos famosos como Livio, que escribió extensamente durante el siglo I a. C. sobre la temprana relación entre los etruscos y los romanos.

Cuando no miran los textos funerarios, los eruditos pueden estudiar las inscripciones dejadas en los monumentos. El gobierno italiano tiene leyes estrictas sobre la preservación de tales monumentos y artefactos y se asegura de que no sean manipulados por vándalos y peligros ambientales. Sin embargo, el gobierno intervino demasiado tarde, ya que muchos monumentos y muros fueron derribados, destruidos o reutilizados como materiales de construcción durante los dos últimos milenios. Lo que queda está en proceso de ser catalogado, pero revela una visión esencial de lo que los etruscos consideraban importante y digno de mención.

Los textos y monumentos funerarios son importantes, pero otra fuente de información son las inscripciones hechas en objetos portátiles que a menudo se dejaban en las tumbas. Estos pueden ser monedas, cistas, anillos y sus gemas, y artefactos llamados espéculos. Las monedas son las favoritas de los historiadores debido a su abundancia y capacidad para sobrevivir a los elementos. Después de todo, casi todos los pueblos antiguos protegían las monedas y otras formas de moneda. Todas las monedas acuñadas por los etruscos descubiertas provienen de entre los siglos V y III, lo que puede indicar que el uso de la moneda de metal, que era exclusivo de la civilización etrusca, se desarrolló alrededor del punto medio de su civilización. Estas monedas estaban hechas de oro, plata y bronce y típicamente presentaban una denominación, quienquiera que fuera la autoridad de acuñación, y un camafeo. Los eruditos pueden aprender sobre la escritura etrusca viendo los nombres completos y abreviados de las ciudades visibles en la moneda, lo que es útil para descifrar el alfabeto. Naturalmente, también hay información cultural significativa incrustada en las monedas, ya que a menudo aparecen imágenes mitológicas y bestias. Estas podrían ser el hipocampo, la esfinge, Apolo, Zeus y las gorgonas.

Una simple moneda etrusca

Las cistas, por su parte, eran recipientes de bronce en los que las mujeres almacenaban artículos diversos, maquillaje, perfumes y otras pequeñas posesiones. Algunos historiadores los comparan con maquillaje moderno o cajas de joyas. Estos tendían a tener una variedad de formas geométricas, particularmente círculos y rectángulos. Tenían pies y tapas, figuritas adjuntas, tallas y a menudo escenas pintadas de la mitología griega y etrusca. Son importantes para la comprensión del lenguaje y el texto escrito porque muchos llevan inscripciones sobre el fabricante, el propietario y algunas descripciones sobre las imágenes y figuras. Imagine que posee una joya o un neceser con una escena de una película o una obra de teatro favorita, la escritura explicaría esa escena. Más de 118 cistas fueron descubiertas en un solo lugar, proporcionando una gran cantidad de información.

Una cista etrusca, entre el 600 y el 500 a. C.

Los anillos y sus gemas son una fuente inusual de textos etruscos. Estos fueron algunos de los bienes más saqueados descubiertos en las tumbas de toda Etruria. Muchos tenían diseños de oro y materiales como ágata, cornalina e incluso sardios incrustados en los anillos. Sin embargo, algunas eran simples con escenarios huecos y grabados que representaban escarabajos y escenas de la mitología griega. Ocasionalmente, estas piezas de joyería tenían escritura, que a veces incluía los nombres de héroes míticos.

Finalmente, estaban los espéculos. El singular de espéculos es espéculo y se refiere a un espejo de mano circular u ovalado. Se fabricaron entre el 530 y el 100 a. C., y fueron usados casi exclusivamente por mujeres y se llamaban *malena* o *malstria* en etrusco. Se conocen 2.300 de estos espejos en todo el mundo, y se sospecha que muchos más han sido saqueados y guardados en colecciones privadas. Estos espejos solían tener mangos de hueso, marfil y madera, así como un respaldo de latón para el espejo. Muchos tienen intrincadas tallas y escenas de camafeo de la mitología que una vez más tienen inscripciones que explican lo que está sucediendo en las imágenes. Un comité creado por el historiador Massimo Pallottino resolvió publicar las inscripciones e imágenes de cada *malstria* conocida en 1979. Sin embargo, el esfuerzo no dio frutos, y no se creó ningún documento oficial.

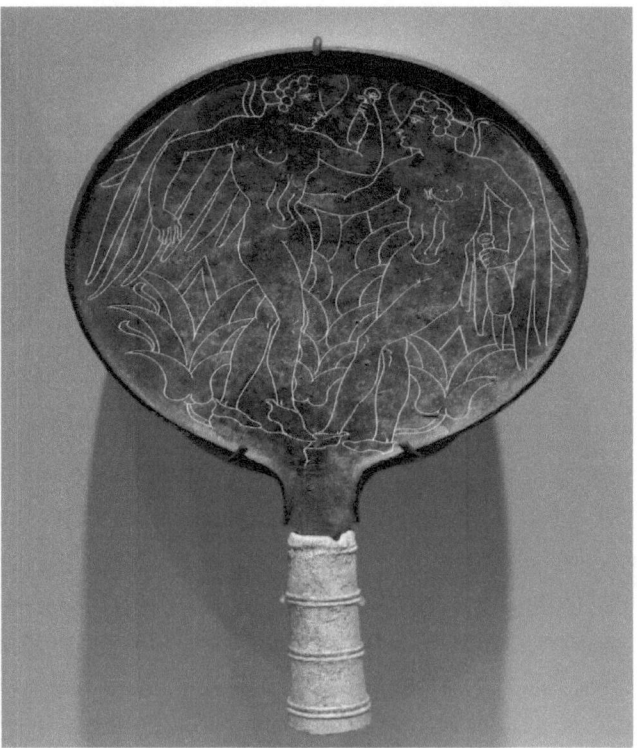

Un espéculo etrusco, alrededor del 300 a. C.

El *Liber Linteus Zagrabiensis*

Cuando no miran los fragmentos de escritura, los historiadores de los etruscos solo poseen dos fuentes más largas y definidas: El *Liber Linteus Zagrabiensis* y el *Corpus Inscriptionum Etruscarum*. El *Liber Linteus Zagrabiensis*, que en latín significa "Libro de Lino de Zagreb", es el único libro de lino existente de la escritura etrusca y puede ser fechado alrededor del 300 a. C. Permanece casi totalmente sin traducir debido a la falta de conocimiento sobre la lengua etrusca escrita y hablada. Lo que se sabe ha apuntado hacia el Libro de Lino de Zagreb como una especie de calendario ritual para ser usado con fines religiosos. En un extraño giro de los acontecimientos, el lino del libro fue preservado en el Egipto Ptolemaico cuando alguien decidió usar la tela como envoltorio de momia. El lino y el texto se conservan ahora en Zagreb, Croacia, de ahí el nombre.

El *Liber Linteus Zagrabiensis* fue escrito alrededor del 250 a. C. La mención de los dioses locales lleva a los especialistas en paleografía a pensar que el texto fue producido en algún lugar del sureste de la Toscana cerca de cuatro grandes ciudades etruscas llamadas Arezzo, Chiusi, Cortona y Perugia. Cuando se abre, el texto está dispuesto en doce columnas que deben ser leídas de derecha a izquierda, y cada una de estas columnas representa una página. Las tres primeras están en ruinas, y nadie ha podido aún determinar cómo podría haber empezado el texto una vez. Los etruscos escribieron el libro usando tinta negra para el texto y tinta roja para las líneas y los diacríticos. El texto habría sido doblado de manera similar a un acordeón, de modo que las páginas se superponían como un códice. En total, hay aproximadamente 230 líneas y 1.200 palabras legibles.

Después de un cuidadoso estudio, los eruditos creen que este texto es un documento o calendario religioso porque menciona fechas junto a los nombres de deidades influyentes. También hay fechas para procesiones y ceremonias, así como frases repetidas cruciales que suenan como liturgias. También aparecen las palabras "sacerdocio" y "fraternidad sagrada".

El *Corpus Inscriptionum Etruscarum*

El otro texto existente para los etruscos no es, de hecho, algo compilado por los etruscos por sí mismos. El *Corpus Inscriptionum Etruscarum* (Cuerpo de inscripciones etruscas) es un corpus creado por Karl Pauli y sus seguidores y finalmente donado a la Biblioteca de la Universidad de Uppsala en 1933. Este texto puede utilizarse como índice de referencia debido a su organización mediante un sencillo sistema numérico, y contiene numerosos textos obtenidos de tabletas y otras fuentes pertinentes. El *Liber Linteus Zagrabiensis* es uno de esos documentos considerados parte de esta colección. Otros textos importantes son:

- La Tabula Capuana (El Azulejo Inscrito de Capua) del siglo V a. C.
- Las láminas de plomo de Punta della Vipera del 500 a. C.
- El Cippus Perusinus, una tablilla de piedra de 46 líneas en el idioma etrusco
- El hígado de Piacenza (mencionado anteriormente)
- La Tabula Cortonensis, una tablilla de bronce de Cortona
- Una estela, de un santuario en Poggio Colla, potencialmente sobre la diosa Uni

Este trabajo permite a los estudiosos entender más sobre los etruscos de lo que se puede deducir de los recursos materiales disponibles. Sin embargo, los historiadores deben recordar que muchos ciudadanos de Etruria eran analfabetos e incultos, y la mayoría no serían capaces de registrar sus pensamientos e ideas. A pesar de ese contratiempo, y aunque no hay muchas fuentes, el texto y la literatura pueden proporcionar información valiosa sobre lo que los etruscos consideraban suficientemente importante para registrar. También aseguran que los etruscos no murieron cuando su civilización fue asimilada por los romanos.

Conclusión - La Absorción de Etruria

Como siempre, cuando se habla de una civilización antigua, surge una pregunta que apuñala a cada historiador, arqueólogo, antropólogo y otros aficionados a lo antiguo en el corazón. ¿Por qué a alguien le importa, y cuál es el valor de conocer una cultura como la de los etruscos y su hogar de Etruria? Para entender el significado de los etruscos, es importante pensar en la historia no como una línea de desarrollo, sino como una serie de círculos con numerosas conexiones y bucles sobre sí misma.

En el gran esquema del mundo, los etruscos forman uno de estos círculos. Los griegos forman otro, y los romanos otro más. Juntas, estas tres civilizaciones y numerosas otras en el Mediterráneo se superponen para crear una gruesa malla de historia, cultura y lenguaje que afectó el desarrollo de una miríada de civilizaciones en todos los continentes del planeta, sí, esto incluye a la Antártida. Sin un círculo, los otros no encajan correctamente. Sin los etruscos, Roma no habría sido la misma, y cada cultura tocada y afectada por Roma habría resultado diferente. Este es el efecto dominó. Una acción tiene miles de consecuencias que se extienden a su alrededor como una gota que golpea el agua.

Incluso si alguien no encuentra a Roma y a los etruscos significativos en la sociedad contemporánea, no significa que deban ser ignorados y las civilizaciones desterradas al olvido. Culturas como la etrusca les dicen a los individuos modernos cómo vivían los antiguos. ¿Qué los hizo funcionar? ¿Qué los hacía felices? ¿Triste? ¿Dónde trabajaban? ¿Cómo vivían sus familias? Responder a tales preguntas puede desarrollar conceptos dentro del individuo como la empatía. Permite a la gente imaginarse a sí misma hace miles de años y entender que los humanos que caminaron por la tierra eran solo eso: humanos. Poseían cada gota de conocimiento presente en los humanos de hoy y tenían sus propias esperanzas y sueños.

Mirando hacia atrás a los etruscos, su vida cotidiana y cómo su civilización creció y decayó, imaginen que lo mismo ocurre hoy en día.

¿Cómo le hace sentir?

Vea más libros escritos por Captivating History

Bibliografía

Barker, Graeme y Rasmussen, Tom. *The Etruscans.* Oxford: Blackwell Publishers Inc., 1998.

Bell, Sinclair y Carpino, Alexandra A. *A Companion to the Etruscans.* Hoboken: John Wiley & Sons, Incorporado en, 2015.

Boëthius, Axel; Roger Ling; Tom Rasmussen. *Etruscan and Early Roman Architecture.* Yale University Press, 1994.

Bonfante, Giuliano y Bonfante Larissa. *The Etruscan Language: An Introduction.* Manchester: Manchester University Press, 2002.

Bonfante, Larissa. *Etruscan Myths.* London: British Museum Press, 2006.

C. Vernesi e Altri. "The Etruscans: A Population-Genetic Study". *American Journal of Human Genetics*, Marzo de 2004.

Cunningham, Reich. *Cultures and Values: A Survey of the Humanities.* 2006.

De Grummond, Nancy Thomson y Simon, Erika. *Religion of the Etruscans.* Austin: University of Texas Press, 2014.

De Grummond Nancy Thomson. *Etruscan Mythology, Sacred History and Legend: An Introduction.* University of Pennsylvania Museum of Archaeology, 2006.

Dupuy, Trevor. *The Harper Encyclopedia of Military History*. Rizzoli Harper Collins Publisher, 1992.

Helmut Rix. "Etruscan". In Roger D. Woodard. *The Ancient Languages of Europe*. Cambridge University Press, 2008. p. 141-64.

Hughes, Robert. *Rome: A Cultural, Visual, and Personal History*. 2012.

Izzet, Vedia. *The Archaeology of Etruscan Society*. New York: Cambridge University Press, 2007.

Leland, Charles Godfrey. *Etruscan Magic and Occult Remedies*. New Hyde Park: University Books Inc., 1963.

Macnamara, Ellen. *Everyday Life of the Etruscans*. New York: Dorset Press, 1973.

Marcus Tullius Cicero. "II.50-51". *On Divination*.

Perkins, Phil. "Chapter 8: DNA and Etruscan Identity". In Naso, Alessandro. *Etruscology*. Berlin: De Gruyter, 2017. p. 109-18.

Perkins, Phil. "DNA and Etruscan Identity". In Perkins, Phil; Swaddling, Judith. *Etruscan by Definition: Papers in Honour of Sybille Haynes*. London: The British Museum Research Publications, 2009. p. 95-111.

Smith, Christopher. *The Etruscans: A Very Short Introduction*. Oxford: Oxford University Press, 2014.

Spivey, Nigel. *Etruscan Art*. New York: Thames and Hudson, 1997.

Tacitus, Cornelius. *The Annals & The Histories*. Trans. Alfred Church and William Brodribb. New York, 2003.

www.ingramcontent.com/pod-product-compliance
Lightning Source LLC
LaVergne TN
LVHW041643060526
838200LV00040B/1692